**Renda básica
de cidadania**

Yannick Vanderborght
Philippe Van Parijs

Renda básica de cidadania:
fundamentos éticos e econômicos

TRADUÇÃO DE
Maria Beatriz de Medina

REVISÃO TÉCNICA DE
Lena Lavinas, professora do Instituto de Economia da UFRJ

CIVILIZAÇÃO BRASILEIRA

Rio de Janeiro
2006

COPYRIGHT © Éditions LA DÉCOUVERTE, Paris, França, 2005

A Editora Civilização Brasileira agradece ao Senador Eduardo Matarazzo Suplicy a indicação deste livro.

TÍTULO ORIGINAL
L'allocation universelle

CAPA
Evelyn Grumach

PROJETO GRÁFICO
Evelyn Grumach e João de Souza Leite

CIP-BRASIL. CATALOGAÇÃO-NA-FONTE
SINDICATO NACIONAL DOS EDITORES DE LIVROS, RJ.

V315r
Vanderborght, Yannick
Renda básica de cidadania: fundamentos éticos e econômicos / Yannick Vanderborght, Philippe Van Parijs; tradução Maria Beatriz de Medina. – Rio de Janeiro: Civilização Brasileira, 2006.

Tradução de: L'allocation universelle
Inclui bibliografia
ISBN 85-200-0660-4

1. Programas de sustentação de renda. 2. Renda – Distribuição. 3. Bem-estar social. I. Van Parijs, Philippe, 1951-. II. Título.

06-1097
CDD – 339.2
CDU – 330.56

Todos os direitos reservados. Proibida a reprodução, armazenamento ou transmissão de partes deste livro, através de quaisquer meios, sem prévia autorização por escrito.

Direitos desta tradução adquiridos pela
EDITORA CIVILIZAÇÃO BRASILEIRA
Um selo da
EDITORA RECORD LTDA.
Rua Argentina 171 – 20921-380 – Rio de Janeiro, RJ – Tel.: 2585-2000

PEDIDOS PELO REEMBOLSO POSTAL
Caixa Postal 23.052 – Rio de Janeiro, RJ – 20922-970

Impresso no Brasil
2006

*A Rebecca, Jonathan, Benjamin, Sarah, Nils, Tim e Dries,
com a esperança de que este livro contribua
para tornar mais justo o mundo
em que vão viver.*

Sumário

PREFÁCIO DE EDUARDO MATARAZZO SUPLICY   *13*

INTRODUÇÃO   *29*
   Quadro: A renda básica de cidadania e a renda mínima garantida   *31*

CAPÍTULO I
Uma idéia nova?   *33*
   Quadro: "Renda básica de cidadania": a dança dos sinônimos   *36*

1. ANTECEDENTES   *36*
A assistência pública: de More e Vives às Poor Laws   *36*
   Quadro: A renda mínima garantida na versão Speenhamland   *37*
A seguridade social: de Condorcet ao Estado social bismarckiano   *39*
A assistência social renovada: de Beveridge à RMI   *40*

2. PIONEIROS   *43*
A dotação universal de Thomas Paine   *43*
   Quadro: A justiça agrária segundo Thomas Paine   *44*
O socialismo utópico de Spence, Charlier e Mill   *44*
   Quadro: O excedente a ser distribuído segundo Thomas Spence   *46*
   Quadro: O mínimo de subsistência segundo Charles Fourier   *47*
   Quadro: O mínimo garantido segundo Joseph Charlier   *48*

3. PRIMEIROS DEBATES 49

Do militantismo à respeitabilidade: a Inglaterra no entre guerras 49

Um fulgurante fogo de palha: os Estados Unidos dos anos 1960 52

    Quadro: O imposto negativo segundo Cournot, Lerner e Friedman 53

4. EVOLUÇÃO CONTEMPORÂNEA 55

Nova largada: a Europa dos anos 1980 55

    Quadro: O debate na França: Aire *versus* Mauss 57

Ampliação inesperada: a Basic Income Earth Network (Bien) 59

    Quadro: A renda básica de cidadania segundo o Coletivo Charles Fourier 60

Discreto mas concreto: o Alasca 61

CAPÍTULO II
Uma idéia plural? 63

1. UMA RENDA 65

Modalidade: em dinheiro ou in natura? 65

Periodicidade: uma vez por dia, uma vez na vida? 67

Valor: superior ou inferior à linha de pobreza? 68

2. PAGA POR UMA COMUNIDADE POLÍTICA 69

Escala: municipal ou planetária? 69

Financiamento: redistribuição ou distribuição? 71

    A renda básica de cidadania financiada pelo imposto de renda 73

3. A TODOS OS SEUS MEMBROS EM TERMOS INDIVIDUAIS 74

Condição: cidadãos ou residentes? 74

Idade: restrição ou ajuste? 75

Unidade: família ou indivíduo? 77

SUMÁRIO

4. SEM COMPROVAÇÃO DE RENDA 77
Transferência a priori e a posteriori 77
   Renda mínima garantida convencional 79
   Renda básica de cidadania e imposto negativo 80
      Imposto de renda negativo 81
   Universalidade e acumulação de renda 83
      A RMI como variação regressiva do imposto negativo 83
   Renda básica de cidadania e "crédito tributário" transferível 86
      A renda de cidadania deve ficar de fora da tributação? 87
      "Crédito tributário" reembolsável ou transferível para trabalhadores de baixa renda 88

5. SEM EXIGÊNCIA DE CONTRAPARTIDA 89
Desemprego voluntário? 89
Obrigação de participação? 90

6. TRÊS DIFERENÇAS FUNDAMENTAIS 91

CAPÍTULO III
Uma idéia justa? 95

1. EFICAZ CONTRA A POBREZA? 97
Uma medida perdulária? 97
Melhor para os pobres, não para os ricos? 99
Custo administrativo mais barato? 100
   Quadro: Um dividendo natural enriquece os ricos? 101
É mais barato não exigir contrapartida? 104
O custo incontornável da individualização 105
O custo inerente à possibilidade de acumular 107

2. EFICAZ CONTRA O DESEMPREGO? 109
Alternativa ao pleno emprego ou estratégia para atingi-lo? 109
Eliminar a armadilha do desemprego? 110
   Quadro: Por que se cai na armadilha 110

Subvenção ao emprego mal remunerado? 112
    Quadro: A renda básica de cidadania e o salário mínimo   113
Técnica suave de partilha do trabalho? 114
Um alicerce em vez de uma rede de segurança? 115

3. INSTRUMENTO ÓTIMO? 116
Vencer a pobreza maximizando o emprego? 116
    Quadro: Renda básica de cidadania e biscates   117
Vencer a pobreza maximizando o PNB? 118
A renda básica de cidadania como mal necessário 121
    Quadro: Renda básica de cidadania e feminismo   123

4. IMPERATIVO DE JUSTIÇA? 124
A propriedade comum da terra 124
Uma via capitalista para o comunismo 126
    Quadro: Renda básica de cidadania e exploração   127
Rawls contra a renda básica de cidadania? 129
A justiça como liberdade real para todos 132
Uma justificativa incondicional? 134

CAPÍTULO IV
Uma idéia de futuro? 137

1. FORÇAS SOCIAIS 140
Trabalhadores assalariados 140
    Quadro: Por que os sindicatos desconfiam da renda básica de cidadania   141
    Quadro: Por que a renda básica de cidadania deveria agradar aos sindicatos   143
Desempregados e trabalhadores precários 145

2. ORGANIZAÇÕES POLÍTICAS 147
Ecologistas 147
    Quadro: Renda básica de cidadania e ecologia   148

SUMÁRIO

Liberais de esquerda   150
Socialdemocratas   151
   Quadro: Renda básica e Estado social ativo   153
   Quadro: Renda básica de cidadania e organizações cristãs   155
Extrema esquerda   156

3. TRANSIÇÕES PROMISSORAS   157
O peso do contexto   157
Um imposto negativo familiar   158
   Quadro: A RMI transformada em imposto negativo   160
Um "crédito tributário" individual reembolsável ou transferível   161
   Quadro: Quando é melhor para os pobres tributá-los mais do que os ricos   164
Uma renda de cidadania parcial   165
Uma renda de participação   166
   Quadro: Uma renda de participação para os jovens?   168

4. AVANÇOS INÉDITOS   169
Modelos alternativos   169
   Quadro: Renda básica de cidadania e imigração   172
Um eurodividendo?   174

CONCLUSÃO   177

REFERÊNCIAS BIBLIOGRÁFICAS   179

Prefácio

Em breve, todos juntos na mesa da fraternidade

Eduardo Matarazzo Suplicy
São Paulo, 26 de dezembro de 2005

Em 7 de fevereiro de 2005 tive um dia especial. Resolvi assistir à primeira aula, em conjunto, de dois excepcionais professores na Universidade de Harvard, em Boston, Estados Unidos. A disciplina era Justiça Social e Diversidade Cultural. Os dois eram Amartya Sen, laureado com o Prêmio Nobel de Economia de 1998, e Philippe Van Parijs, convidado para substituir o professor de Filosofia Política, John Rawls, falecido, aos 81 anos, em 24 de novembro de 2002.

John Rawls é considerado por muitos estudiosos o mais influente filósofo político do século XX. Dentre seus principais livros estão *Uma teoria da justiça* (1971), *Liberalismo político* (1993), *Justiça como eqüidade: uma reformulação* (1999), e *A lei dos povos* (2001). Em sua obra Rawls desenvolveu os princípios que devem caracterizar uma sociedade justa:

1. Toda pessoa tem direito ao conjunto mais extenso de liberdades fundamentais que seja compatível com a atri-

buição a todos desse mesmo conjunto de liberdades (princípio de igual liberdade);
2. As desigualdades socioeconômicas só se justificam se (a) contribuírem para melhorar a sorte dos membros menos favorecidos da sociedade (princípio da diferença); e (b) forem ligadas a posições que todos têm oportunidades eqüitativas de ocupar (princípio da igualdade de oportunidades).

O filósofo e economista Philippe Van Parijs, por sua vez, professor da Universidade Católica de Louvain, na Bélgica, desenvolveu a forma de aplicar os princípios de justiça de Rawls. Ele tem demonstrado como a instituição de uma renda básica incondicional numa sociedade é compatível com a ampliação da liberdade real de todos os seres humanos. Em *O que é uma sociedade justa* (1991), *Argumentando em favor de uma renda básica: as fundações éticas de uma reforma radical* (1992), *Liberdade real para todos. O que é (se algo há) que pode justificar o capitalismo?* (1995), *O que é que há de errado em um almoço de graça?* (2001), ele explica as razões pelas quais será de bom senso que cada comunidade, município, estado ou nação venha a adotar o direito incondicional de toda e qualquer pessoa receber uma renda básica que atenda as suas necessidades vitais.

Conheci Amartya Sen quando ele visitou o Brasil, em 2000. Assisti às suas duas palestras no Rio de Janeiro e participei de sua entrevista no programa *Roda Viva*, da TV Cultura. Convidou-me para um final de semana em sua residência na Universidade Cambridge, na Inglaterra, quando ele era diretor do Trinity College. Nosso principal interesse era saber como promover maior eqüidade e erradicar a pobreza absoluta nos

PREFÁCIO

diversos países. Ele me falou da convivência e admiração que desenvolveu por Celso Furtado durante o tempo em que este esteve em Cambridge. Desse relacionamento resultou a licença para que eu pudesse assistir àquela aula inaugural, dada por dois exemplos de pessoas que sabem ser como o sal da terra. São como luzes que iluminam os caminhos para a construção de um mundo melhor.

Compareceram cerca de 80 alunos, superlotando a sala prevista para 50. Já pensando nos princípios de justiça, ambos tomaram a providência para que houvesse a mudança para uma sala maior. Amartya ponderou que os antecedentes culturais de cada pessoa poderiam levá-las a ter diferentes percepções do que seria justo. Philippe perguntou a respeito da diversidade de línguas maternas naquela classe. Havia pelo menos 15. Amartya, então, contou uma parábola para ilustrar as dificuldades de decisão que uma pessoa ou uma sociedade pode ter quando quer tomar uma decisão justa:

> Annapurna queria contratar alguém para arrumar seu jardim, que estava abandonado. Havia três trabalhadores desempregados que ela gostaria de ajudar, igualmente bons. Só que aquele trabalho poderia ser feito apenas por um deles. Sendo uma pessoa criteriosa, ela pensou muito sobre qual deveria contratar. Dinu era o mais pobre dos três. Pois, então, o que seria melhor do que ajudar o mais pobre? Mas Bishanno tinha recentemente ficado pobre e se tornara muito deprimido. Portanto, para arrumar a situação do que estava mais infeliz, possivelmente seria melhor contratá-lo. Havia ainda Rogini, que contraíra uma doença crônica e precisava muito do dinheiro para pagar o tratamento. Seria muito importante, portanto, contratar essa terceira pessoa para melhorar sua qualidade de vida e libertá-la da doença. Ao relatar essa sim-

ples história o professor quis ilustrar a importância crítica das bases de informação de princípios competitivos.

Amartya Sen ilustrou formas de resolver problemas contenciosos entre sindicatos e empregadores, entre os estados e a União, entre um indivíduo e outro, seja pela negociação ou por alguma forma de arbitragem, especialmente relevante quando falha a negociação. A certa altura, ele observou que naquele curso eles iriam examinar em que medida a Renda Básica de Cidadania ou Abono Universal, incondicional, que era defendida pelo professor Van Parijs e por mim, um senador brasileiro, ali presente, seria um instrumento de política econômica capaz de levar à realização de maior justiça social.

Philippe Van Parijs observou que seria difícil para os americanos, que têm tão fortemente arraigado o valor da ética do trabalho, aceitar a proposta de uma renda básica incondicional. Ressaltou, entretanto, que o papel do filósofo é ir além, mostrar não apenas o que as pessoas estariam dispostas a aceitar, e sim aquilo que é justo e viável para transformar o estado de coisas. Ele havia participado, no mês anterior, junto comigo e com o ministro do Desenvolvimento Social, Patrus Ananias, de um simpósio sobre a transição do Programa Bolsa Família para a Renda Básica de Cidadania, no Fórum Social Mundial de Porto Alegre. Seus alunos o aplaudiram quando mostrou a camiseta do Fórum com o lema "Um outro mundo é possível".

Conheci o professor Philippe Van Parijs em função do projeto de lei que apresentei no Senado Federal, em 1991, que instituía um Programa de Garantia de Renda Mínima, através de um imposto de renda negativo. Durante os anos 1990 passei a interagir com ele e os economistas, filósofos e

PREFÁCIO

cientistas sociais, como Guy Standing, Clauss Offe, James Edward Meade, Walter Van Trier, Robert J. Van der Veen, Anthony Atkinson, James Tobin e Yannick Vanderborght, que haviam fundado a Bien, Basic Income European Network, ou Rede Européia da Renda Básica, em 1986, quando reunidos em Louvain ou a ela se filiaram depois. Trata-se de um fórum criado com a finalidade de debater todas as formas de transferência de renda e de propugnar para que se institua uma renda básica incondicional em todos os países. Ao participar dos congressos internacionais da Bien, realizados a cada dois anos, e conhecendo as contribuições de seus principais membros, convenci-me de que se tratava de uma solução de bom senso. Por essa razão, em 2001, apresentei um novo projeto no Senado Federal, desta vez instituindo uma renda básica incondicional para todos os brasileiros e também para os estrangeiros residentes no Brasil há cinco anos ou mais.

No X Congresso Internacional da Bien, em Barcelona, ao se constatar o crescente número de participantes de todos os continentes, ela foi transformada em Basic Income Earth Network, ou Rede na Terra da Renda Básica. Lá estávamos 13 brasileiros, Maria Ozanira Silva e Silva, Lena Lavinas, Maria Núbia Alves Crus, Elenise Scherer, Clovis Zimmermann, Cláudio Roquete, Patrícia Soraya Mustafá, Reinaldo Nobre Pontes, Ernesto Passos de Andrade, Silvia Andere, Oscar Valente Gonzáles, Maria Luiza Fernandes e eu, que na ocasião fundamos a Rede Brasileira da Renda Básica de Cidadania — RBRBC.

Durante os anos 1990, o debate sobre os programas de renda mínima no Brasil teve uma evolução interessante. Em agosto de 1991, em um encontro entre cerca de 50 economistas do Partido dos Trabalhadores, sob a coordenação de

Walter Barelli, expus, juntamente com Antonio Maria da Silveira, o projeto original apresentado no Senado. Aloizio Mercadante e José Márcio Camargo, dentre outros, levantaram algumas questões. Aloizio perguntou se a renda mínima não criaria condições para os patrões dizerem aos trabalhadores que lhes pagariam menos, uma vez que receberiam o complemento pago pela sociedade. Observei que era importante perguntar se, do ponto de vista do trabalhador, era melhor ou pior a existência da renda mínima. Uma vez existindo, ela confere maior liberdade de escolha ao ser humano, que poderá aceitar ou não, com maior facilidade, qualquer oportunidade que lhe for oferecida. José Márcio ponderou que seria bom iniciarmos a garantia de renda mínima às famílias carentes com crianças em idade escolar, desde que estivessem freqüentando a escola. Em 1995, o governador do Distrito Federal, Cristóvam Buarque (PT), que nos anos 1980 também elaborara sobre a idéia, e o prefeito de Campinas, José Roberto Magalhães Teixeira (PSDB), resolveram adotar programas semelhantes sob os nomes de Bolsa Escola e Programa de Garantia de Renda Familiar Mínima. O exemplo frutificou e foram diversos os governos estaduais e prefeituras que adotaram programas em moldes semelhantes, com repercussão no Congresso Nacional.

Em 1996, a Universidade Federal do Rio de Janeiro, o Instituto de Estudos Avançados da Universidade de São Paulo e a Universidade Católica de São Paulo convidaram o professor Van Parijs para debater suas idéias. Na ocasião, acompanhei-o numa audiência com o presidente Fernando Henrique Cardoso, que reuniu diversos membros de sua equipe, assim como o deputado Nélson Marquezan (PSDB-RS), que estava empenhado na aprovação, pelo Congresso Nacional, de um

PREFÁCIO

projeto de lei que autorizava o governo federal a conceder apoio financeiro aos municípios que adotassem programas de renda mínima associados a ações socioeducativas. Na ocasião, Van Parijs ponderou ao presidente que considerava muito positivo o Brasil iniciar um programa de renda mínima associado às oportunidades de educação, pois significava um investimento em capital humano.

Pouco depois, o Congresso Nacional aprovou a Lei nº 9.533/1997, mais tarde modificada pela Lei nº 10.219/2001, de iniciativa do presidente Fernando Henrique Cardoso, que autorizava o governo federal a realizar convênios com todos os municípios brasileiros para que adotassem o programa de renda mínima associado à educação ou Bolsa Escola. Toda família com renda mensal *per capita* de até meio salário mínimo passaria a ter o direito a um complemento equivalente a R$ 15,00, R$ 30,00 ou R$ 45,00, se a família tivesse uma, duas ou mais crianças de 7 a 16 anos, respectivamente, freqüentando a escola. Em seguida, o governo instituiu o programa Bolsa Alimentação, estendendo benefício semelhante às famílias naquela mesma faixa de rendimento que tivessem crianças de 0 a 6 anos, desde que tomando as vacinas programadas pelo Ministério da Saúde.

Philippe Van Parijs visitou novamente o Brasil em agosto de 2002, para a realização de um simpósio sobre a Renda Básica de Cidadania na Universidade de São Paulo. Estávamos aqui em meio à campanha presidencial. Levei-o a um comício, em Santos, do candidato do PT, Luiz Inácio Lula da Silva, que seria vitorioso. Van Parijs ouviu Lula relatar sua experiência pessoal na juventude quando, certo dia, ficou desempregado e teve dificuldade ao chegar em casa e explicar à mãe que não estava voltando do trabalho. Lula ressaltou o quão importante é para a auto-estima da pessoa ter uma remuneração decorrente de seu trabalho que lhe assegure o seu sustento e o de sua família.

Naquela época, debatíamos no PT, sobretudo com José Graziano da Silva, a forma que iria tomar o Programa Fome Zero. Iniciado o governo Lula, em 2003, foram instituídos diversos instrumentos, dentre os quais o Cartão Alimentação, que garantia o benefício de R$ 50,00 mensais, na forma de um cartão magnético, às famílias com renda *per capita* até meio salário mínimo. Aquela quantia só poderia ser gasta com alimentos. Na época, esse programa convivia com os outros dois mencionados anteriormente: o Bolsa Escola e o Bolsa Alimentação, e ainda com o Auxílio Gás, que conferia R$ 15,00 a cada dois meses para que as famílias de renda mensal *per capita* até meio salário mínimo pudessem adquirir o gás de cozinha.

Em outubro de 2003, o governo Lula unificou os quatro programas no denominado Bolsa Família, que passou a ter a seguinte definição: toda família com renda familiar mensal *per capita* até R$ 100,00 tem o direito de receber mensalmente R$ 15,00, R$ 30,00 ou R$ 45,00, dependendo se a família tiver uma, duas, três ou mais crianças até 16 anos. Se a renda familiar mensal *per capita* estiver na faixa de até R$ 50,00, há um acréscimo no benefício mensal de R$ 50,00, fazendo com que varie de R$ 50,00 a R$ 95,00.

O número de famílias que recebem o Bolsa Família evoluiu de 2,3 milhões em outubro de 2003, para 8,7 milhões em dezembro de 2005, devendo chegar a 11,2 milhões de famílias em junho de 2006. Isso corresponderá a aproximadamente 45 milhões de pessoas, praticamente ¼ da população brasileira, que justamente estaria de outra forma vivendo

PREFÁCIO

com menos de R$ 100,00 *per capita* por mês. Para 2006, prevê-se um gasto de aproximadamente R$ 10 bilhões com o Bolsa Família.

Será que conseguiremos erradicar mais eficazmente a pobreza absoluta e promover um maior grau de liberdade e dignidade se passarmos a garantir uma renda básica incondicional a todas as pessoas, aos cerca de 190 milhões de 2010, e progressivamente mais? Pode-se perguntar: por que pagar também uma renda básica aos mais ricos se eles já têm as suas necessidades vitais atendidas? Haverá possibilidade de levantar recursos para isso? Como é que a instituição de uma Renda de Cidadania afetará o grau de competitividade da economia brasileira? Não será melhor primeiro aumentar o valor do Bolsa Família antes de estender a Renda de Cidadania a toda a população?

São justamente essas questões que Philippe Van Parijs e Yanick Vanderborght, um de seus principais parceiros de pesquisas sobre as origens e experiências de programas de garantia de renda nos mais diversos países do mundo, procuram responder neste livro. Originalmente publicado em 2005 sob o título *L'Allocation Universelle*, na França, *Ein Grundeinkommen für Alle? Geschichte und Zukunft eines radikalen Vorschlags*, na Alemanha, com prefácio do profesor Clauss Offe, e proximamente na Espanha, nos Estados Unidos e no Reino Unido, agora é publicado em português, pela Civilização Brasileira, para que todos possam conhecer melhor os fundamentos da alocação ou do abono universal.

Há enormes vantagens em se pagar uma renda básica, na medida do possível suficiente para suprir as necessidades para todas as pessoas. Primeiro, elimina-se toda a burocracia envolvida para saber quanto cada pessoa ganha no mercado formal ou informal; segundo, terminamos com o eventual sentimento de estigma ou vergonha que uma pessoa possa ter ao precisar dizer que só ganha até um certo patamar e que, por isso, merece um complemento de renda; terceiro, superamos o problema de dependência que acabam criando os fenômenos das armadilhas do desemprego e da pobreza que ocorrem quando se tem um mecanismo que diz: quem não recebe até determinada quantia terá o direito de receber tal complemento. Mas se a pessoa consegue uma oportunidade de trabalho que lhe proporciona aquele valor, o governo lhe retira o benefício que vinha sendo concedido, levando muitas vezes à desistência da aceitação daquela atividade. Além disso, do ponto de vista da dignidade e da liberdade do ser humano, será muito melhor para cada pessoa saber de antemão que, nos próximos meses e anos, ela e todos na sua família irão receber a Renda Básica de Cidadania como direito de todos a participar da riqueza do Brasil, e cada vez maior com o progresso da nação.

A convite do então primeiro-ministro português e presidente da União Européia, Philippe Van Parijs fez uma palestra, em fevereiro de 2001, em Almancil, Portugal, para os chefes de Estado europeus. Argumentou, com razão, que as grandes transformações que caracterizaram os séculos XIX e XX foram, respectivamente, a abolição da escravidão e o sufrágio universal. E que no século XXI será a Renda Básica que moldará de forma mais poderosa em primeiro lugar os debates, o trânsito das idéias; e, em seguida, a realidade.

Philippe e Yannick elaboram sobre as vantagens da Renda Básica de maneira extremamente didática. Ainda em 2001, o rei Albert II da Bélgica conferiu a Philippe Van Parijs o Prêmio Francqui por ter sido a pessoa que mais se distinguiu naquele país em todos os campos do conhecimento humano.

PREFÁCIO

Em 8 de janeiro de 2004 Van Parijs fez uma nova visita ao Brasil, desta vez para uma cerimônia muito especial no Palácio do Planalto: a de sanção pelo presidente Luiz Inácio Lula da Silva da Lei nº 10.835, aprovada pelo Congresso Nacional, segundo a qual seria instituída no Brasil, a partir de 2005, por etapas, priorizando-se os mais necessitados, a Renda Básica de Cidadania. Enquanto Philippe foi muitos anos secretário-geral da Bien, hoje sendo o presidente de seu comitê internacional, Yannick se tornou membro do comitê executivo da Basic Income Earth Network. Ele também é professor da Universidade Católica de Louvain, na Bélgica.

Todos os brasileiros e estrangeiros residentes há pelo menos cinco anos no Brasil, não importando sua condição socioeconômica, receberão anualmente um benefício monetário. Quando plenamente instituído, ele será pago igualmente a todos, suficiente para atender as despesas mínimas de cada um com alimentação, educação, saúde e outras, considerando para isso o grau de desenvolvimento do país e as possibilidades orçamentárias. O pagamento poderá ser feito em parcelas iguais e mensais. A cada ano, o projeto de lei relativo ao Orçamento Geral da União definirá a dotação orçamentária suficiente para implementar o disposto na Lei.

Dessa forma, o programa Bolsa Família é um passo na direção da Renda Básica de Cidadania. Quando ela será plenamente implantada? Quando mais e mais pessoas a compreenderem plenamente e disserem ao presidente: está na hora de avançar, pois o Congresso Nacional já a aprovou, está em suas mãos colocá-la em prática. Para essa finalidade, este livro é fundamental.

Mas como ficarão as condições da presença das crianças nas escolas e da vacinação, consideradas tão positivas? Precisamos nos dar conta, como nos ensinam grandes educadores como Anísio Teixeira e Paulo Freire, que o processo educacional é conscientizador e libertador. Assim, mais e mais as famílias que tiverem acesso à renda básica desejarão ter as suas crianças freqüentando as melhores escolas.

E com respeito ao receio do estímulo à ociosidade? Como observou Bertrand Russell em *Os caminhos para a liberdade: socialismo, anarquismo e sindicalismo* (original 1918, Zahar 1977), ao sugerir o direito de todos receberem o necessário para a sobrevivência, serão muito poucos aqueles com os quais poderíamos nos preocupar. Pois são muitas as atividades que nós, seres humanos, fazemos com amor e dedicação, e nem sempre em troca de uma remuneração. A começar pelas mães que amamentam seus nenéns, ou nós mesmos, pais e mães que precisamos dedicar boa parte de tempo para alimentar e cuidar das nossas crianças, ou quando nossos pais e avós se tornam mais velhos e precisam de nossa assistência. Também é muito comum a dedicação voluntária a atividades como participante em associações de bairros, paróquias ou igrejas, em diretórios acadêmicos, grupos que defendem os direitos humanos, clubes e organizações as mais diversas. Algumas pessoas fazem trabalhos que não são reconhecidos imediatamente pelo mercado ou pela sociedade de sua época, mas depois a humanidade os considera de grande valor. Quando Vincent Van Gogh e Amedeo Modigliani fizeram as suas pinturas, mal conseguiam vendê-las. Ambos adoeceram e morreram pobres e relativamente cedo. Hoje suas obras valem milhões de dólares.

A Constituição brasileira, como a de muitos países, reconhece o direito à propriedade privada. Assim, os donos das fábricas, fazendas, bancos, estabelecimentos comerciais, títu-

PREFÁCIO

los financeiros e propriedades imobiliárias têm o direito de receber rendimentos na forma de lucros, juros e aluguéis. Para isso, não precisam provar que estejam trabalhando ou que as suas crianças freqüentem a escola. Entretanto, normalmente os mais ricos trabalham, inclusive boa parte de seus dias voluntariamente, e também costumam enviar as suas crianças para as melhores escolas. Porque é natural do ser humano querer progredir. Se nós asseguramos aos mais ricos o direito de receberem rendimentos mesmo sem trabalhar ou de enviarem seus filhos à escola, por que não estender esse mesmo direito a todos, ricos e pobres? O direito de todas as pessoas partilharem da riqueza da nação através de uma modesta renda, na medida do possível suficiente para atender às necessidades básicas?

A expansão dos programas de transferência de renda, especialmente do Bolsa Família, vem registrando melhora, ainda que modesta, ano a ano, no sentido de maior eqüidade, como têm ressaltado em estudos recentes os economistas Ricardo Paes de Barros, Marcelo Nery e Rodolfo Hoffmann.[1] Em 2001, 2002, 2003 e 2004, segundo a Pesquisa Nacional dos Domicílios feita pelo IBGE, quando considerada a renda domiciliar *per capita*, o coeficiente Gini da economia brasileira vem caindo de forma moderada, respectivamente de 0,594, para 0,587, para 0,581 e 0,569. Mas ainda é um dos mais altos no mundo. Nesses anos recentes, os 1% mais ricos no Brasil vêm recebendo, respectivamente, 13,8%, 13,1%,

---

[1] Veja, por exemplo, de Rodolfo Hoffmann, "Desigualdade e transferência de renda", *Folha de S. Paulo*, p. A6, 26.12.2005, a entrevistas de Ricardo Paes de Barros, "Transferir renda é receita que deu certo" para o Aliás de *O Estado de S. Paulo*, em 4.12.2005, e de Marcelo Nery, "Miséria em queda: mensuração, monitoramento e metas", estudo publicado pela FGV em novembro de 2005.

13,0% e 12,8% da renda nacional, praticamente o mesmo que é destinado aos 50% mais pobres da população, 12,7%, 13,3%, 13,3% e 14,0%.[2]

Será que estendendo a renda básica igualmente a todas as pessoas estaremos de fato contribuindo para melhor distribuir a renda nacional? Sim, uma vez que os mais ricos contribuirão mais, para que eles próprios e todos os demais venham a receber. Se considerarmos que por dez anos consecutivos 5% do PIB se destine igualmente a toda a população brasileira, certamente teremos, em uma década, um grau de desigualdade bem menor. Ainda mais se a forma de arrecadação envolver uma participação mais acentuada dos que têm mais recursos.

Este é o resultado prático ocorrido em um lugar onde há uma experiência bem-sucedida de renda básica. Desde os anos 1980, através do Fundo Permanente do Alasca, esse estado investe 50% dos *royalties* decorrentes da exploração de recursos naturais em um fundo que pertence a todos os seus habitantes. As aplicações são feitas em títulos de renda fixa, ações de empresas do Alasca, dos Estados Unidos e internacionais, inclusive brasileiras, além de investimentos imobiliários. O patrimônio do Fundo evoluiu de US$ 1 bilhão, no início dos anos 1980, para US$ 32 bilhões em 2005. Cada pessoa residente no Alasca há um ano ou mais vem recebendo um dividendo anual, igual para todos, que variava de cerca de US$ 300,00, no seu início, até US$ 1.963,86, em 2000, passando para US$ 845,76 em 2005.

---

[2] A partir de 2004, o IBGE passou a incluir também a população da área rural da antiga região Norte, antes excluída nas PNADs anteriores. Incluindo esta, o coeficiente de Gini de 2004 foi de 0,57, a participação na renda dos 1% mais ricos, de 12,9%, e dos 50% mais pobres, de 14,0%.

PREFÁCIO

O fato de o Alasca ter distribuído 6% do seu PIB igualmente a todos os seus habitantes — que eram 300 mil em 1976, quando a população aprovou aquele sistema por referendo popular, e 700 mil em 2005 — fez com que ele se tornasse o mais igualitário dos 50 estados norte-americanos. De 1989 a 1999, nos Estados Unidos, as famílias 20% mais ricas tiveram um crescimento da sua renda média de 26%. As famílias 20% mais pobres, de 12%. Já no Alasca, na mesma década, as famílias 20% mais ricas tiveram um crescimento da sua renda média de 7%, enquanto as famílias 20% mais pobres, de 28%, portanto quatro vezes mais, como ressaltou o professor Scott Goldsmith, da Universidade de Anchorage, Alasca, no IX Congresso Internacional da Bien, em Genebra.[3]

Em ocasiões recentes em que o presidente Lula tem falado sobre os méritos do Bolsa Família, ele tem mencionado que gostaria de ver o dia em que não precisasse mais o Brasil estar distribuindo dinheiro às pessoas, uma vez que todas estariam já recebendo o fruto de seu trabalho de maneira suficiente para a sua sobrevivência com dignidade. Em verdade, há que se pensar que a renda básica de cidadania pode ser vista não como uma caridade, como aliás tão bem formulou Thomas Paine[4] em 1795, mas como um direito de todas as pessoas estarem partilhando de toda a riqueza criada pela nação, inclusive pelos antepassados, pelos que trabalharam tanto tempo sem a devida remuneração como escravos, pelos que contribuíram para o progresso tecnológico, e assim por diante. Ademais, há que se considerar que hoje os países de-

---

[3]Para acessar os trabalhos da Bien veja: http.//www.bien.be
[4]Thomas Paine (1796), "Agrarian Justice", in P. F. Foner, (org.), *The Life and Major Writings of Thomas Paine*, Secaucus (NJ), Citadel Press, 1974.

senvolvidos têm processos muito importantes de transferências de renda que lhes dão vantagens competitivas importantes em relação às demais economias que porventura não os adotarem, da forma mais racional possível. Qual a melhor forma? É o que Philippe Van Parijs e Yannick Vanderborght respondem nesta obra.

O maior economista brasileiro contemporâneo compreendeu muito bem a extensão da proposta. No dia da sanção da Lei, ele enviou a seguinte mensagem ao presidente:

> Ao Exmo. Sr. Presidente Luiz Inácio Lula da Silva
> Presidente da República
>
> Neste momento em que Vossa Excelência sanciona a Lei de Renda Básica de Cidadania quero expressar-lhe minha convicção de que, com essa medida, nosso país se coloca na vanguarda daqueles que lutam pela construção de uma sociedade mais solidária. Com freqüência o Brasil foi referido como um dos últimos países a abolir o trabalho escravo. Agora, com esse ato que é fruto do civismo e da ampla visão social do senador Eduardo Matarazzo Suplicy, o Brasil será referido como o primeiro que institui um sistema de solidariedade tão abrangente e, ademais, aprovado pelos representantes de seu povo.
>
> Aproveito a oportunidade para almejar a Vossa Excelência que continue a ter êxito na importante missão que lhe foi concedida.
>
> Cordialmente,
>
> Celso Furtado
Paris, 8 de janeiro de 2004

Introdução

Brasília, Palácio do Planalto, 8 de janeiro de 2004. Nas paredes da sala, rostos radiantes, de todas as idades e todas as raças, se alternam com o *slogan* "Renda básica para todos". As câmeras se agitam, os ministros se aprumam, Luiz Inácio Lula da Silva, presidente da República Federativa do Brasil, faz a sua entrada com a esposa e o chefe da Casa Civil. Vinte minutos e dois discursos mais tarde, levanta-se entre aplausos para assinar uma lei que institui um abono universal para todos os brasileiros. É verdade que o texto afirma que começará pelos mais necessitados e que a generalização gradual para toda a população dependerá das condições orçamentárias para a sua realização. Mas ela ilustra, ali mesmo onde menos se espera, o modo como uma proposta até então considerada fantasista pode inspirar e motivar os atores políticos e contribuir para transformar a realidade.

Na verdade, é impossível pensar hoje em dia no futuro da proteção social, tanto na Europa quanto no resto do mundo, sem recordar o abono universal, ou seja, a idéia de pagar a todos os cidadãos, de forma incondicional, uma renda básica, cumulativa com qualquer outra renda.

Essa proposta tão simples teve uma história intelectual e política surpreendente. Formulada pela primeira vez no final do século XIX, foi instaurada de forma discreta e bastante fortuita no Alasca em 1981. Desde meados da década de 1980, foi objeto, na Europa, de um debate cada vez mais acirrado que hoje se propagou para outros continentes. Com o passar do tempo, beneficiou-se do apoio de estranhas coalizões, suscitou oposição feroz tanto da direita quanto da esquerda e estimulou, por parte tanto dos seus defensores quanto dos adversários, a elaboração de argumentações sólidas e complexas que chegam ao âmago do funcionamento da nossa economia e à essência dos valores que devem reger o funcionamento da nossa sociedade.

Para alguns, a renda básica de cidadania constitui uma solução decisiva para numerosos flagelos, começando pela pobreza e pelo desemprego. Para outros, não passa de uma quimera absurda, economicamente impraticável e eticamente repugnante. Mas quer tendamos a defendê-la, quer a derrubá-la, a necessidade de refletir a respeito se impõe a partir de agora a quem pretenda repensar em profundidade as funções do Estado social diante da "crise" multiforme que enfrenta, a quem busque um modo de reconfigurar a segurança econômica de maneira a responder aos desafios da globalização, a quem alimente a ambição de oferecer uma alternativa nova e radical ao neoliberalismo.

O objetivo central deste livro é contribuir para que essa proposta controvertida possa ser objeto de um debate sereno e bem informado. O primeiro capítulo conta, de Thomas More à RMI francesa, de Thomas Spence à Bien, a pré-história e a história da idéia. O segundo capítulo determina as diversas facetas da renda básica de cidadania, explora as suas variantes e esclarece as suas relações com várias idéias próximas. O terceiro capítulo examina os principais argumentos invocados a seu favor e as principais objeções a que está sujeito, sintetizando assim um vasto debate cujos componentes econômicos, sociológicos e filosóficos estão intimamente entrelaçados. Finalmente, o quarto capítulo propõe, com esse cenário, a questão da factibilidade política da medida.

Os autores deste livro não se pretendem neutros. Se acham importante contribuir para alimentar a reflexão sobre a idéia da renda de cidadania, é porque estão convencidos de que ela indica a direção para a qual os nossos sistemas de proteção social devem evoluir. Mas este livro não foi concebido como uma apologia: ao dar uma idéia límpida e documentada de um debate multidimensional, freqüentemente confuso e às vezes com elevada carga emocional, pretende oferecer ao leitor uma base sólida para que forme suas próprias convicções, dissipando no caminho vários mal-entendidos que provocam bloqueios inúteis e muitas ilusões que se alimentam de esperanças desmedidas.

A renda básica de cidadania e a renda mínima garantida

O formato convencional da renda mínima garantida, do qual a renda mínima de inserção francesa (Revenu Minimum d'Insertion — RMI), criada em 1988, constitui uma versão especialmente ampla, apresenta várias características em comum com o abono universal. Os pagamentos que compõem a RMI e o abono universal são feitos:

— em dinheiro;
— com regularidade;
— pelos poderes públicos;
— sem se restringir a pessoas que contribuíram para tal.

Mas esse tipo de renda mínima se distingue da renda de cidadania por três características fundamentais. Os pagamentos que o compõem:

— são reservados aos mais pobres (comprovação de renda);
— levam em conta a situação familiar dos beneficiários;
— estão condicionados ao esforço para uma inserção no mercado de trabalho ou à disponibilidade para trabalhar.

A renda básica de cidadania, pelo contrário, é garantida:

— a todos, ricos e pobres (sem comprovação de renda);
— em termos individuais;
— sem nenhuma exigência de contrapartida.

A ausência de comprovação de renda induz naturalmente (mas não implica logicamente) a possibilidade de acúmulo pleno com outros rendimentos (cf. § II.4).

CAPÍTULO I Uma idéia nova?

Por "renda básica de cidadania" entendemos aqui uma renda paga por uma comunidade política a todos os seus membros, em termos individuais, sem comprovação de renda nem exigência de contrapartida. Nascida de forma independente no espírito de numerosas pessoas que viveram em épocas e lugares diferentes, essa proposta foi designada de várias formas diferentes, em geral pela combinação de um substantivo — "renda", "benefício", "dividendo", "bônus", "salário" — e de um adjetivo ou complemento — "universal", "geral", "garantido", "nacional", "básico", "do cidadão", "de cidadania", "de existência" — e às vezes por uma palavra nova — "*borgerløn*", "*basisinkomen*", "*demogrant*".

Todas essas expressões apresentam vantagens e inconvenientes. "Abono universal", por exemplo, tem a vantagem de evocar uma analogia com o sufrágio universal, mas a desvantagem de sugerir um vínculo obrigatório em escala mundial. "Renda básica", que predomina na discussão internacional, tem a vantagem de evocar a idéia de um patamar de renda comum a todos, ao qual se somam integralmente as receitas de outras fontes, mas a desvantagem de sugerir uma ligação necessária com carências básicas.

A escolha de uma designação acertada não está livre de conseqüências, ainda mais quanto ao impacto sobre a factibilidade política. Mas o importante, sobretudo, é descrever bem a proposta que se quer denominar, distinguindo-a principalmente e com todo o cuidado dos mecanismos existentes de garantia de renda. Embora o aparecimento da idéia de uma renda mínima garantida possa ser encontrado já em More e Vives no início do século XVI, a forma específica de renda mínima representada pelo abono universal teve, por sua vez, um aparecimento furtivo em meados do século XIX, mas só se tornou objeto de um primeiro (e efêmero) debate intenso às vésperas da Primeira Guerra Mundial.

"Renda básica de cidadania": a dança dos sinônimos

Dividendo territorial: Joseph Charlier, Bélgica, 1894.
State bonus: Dennis Milner, Reino Unido, 1918.
National Dividend: C. H. Douglas, Reino Unido, 1932.
Basisinkomen: Jan Tinbergen, Países Baixos, 1934.
Social dividend: George D. H. Cole, Reino Unido, 1935.
Basic income: George D. H. Cole, Reino Unido, 1953.
Demogrant: James Tobin, Estados Unidos, 1967.
Borgerløn: Niels Meyer *et al.*, Dinamarca, 1978.
Allocation universelle: Coletivo Charles Fourier, Bélgica, 1984.
Bürgergeld: Joachim Mitschke, Alemanha, 1985.
Reddito di cittadinanza: CGIL, Itália, 1988.
Revenu d'existence: Henri Guitton, França, 1988.
Dividende universel: Christine Boutin, França, 2003.

---

1. ANTECEDENTES

A assistência pública: de More e Vives às Poor Laws

Até o século XVI, a assistência aos mais desvalidos foi, na Europa, obra da caridade local privada, às vezes coordenada por congregações religiosas. A subsistência nunca foi garantida e a própria noção de renda mínima era desconhecida. É na

UMA IDÉIA NOVA?

Utopia de Thomas More (1478-1535), publicada em Louvain em 1516, que podemos encontrar a sugestão mais antiga de uma garantia de renda: o viajante Rafael a recomenda com eloqüência ao arcebispo de Cantuária como instrumento bem mais eficaz que a pena capital para combater a criminalidade. Mas é a um amigo de More, Johannes Ludovicus Vives (1492-1540), humanista de origem judia catalã e professor em Louvain, que devemos o primeiro plano detalhado e cuidadosamente argumentado de uma renda mínima garantida. Dedicado aos burgomestres e escabinos de Bruges, o seu *De Subventione Pauperum* (1526) mostra a legitimidade de os poderes municipais se encarregarem da prestação de assistência aos pobres. Para Vives, a assistência pública assim instaurada proviria ainda da obrigação judaico-cristã de prestar caridade e, portanto, seria alimentada apenas por esmolas dadas de livre vontade. Mas seria muito mais eficaz que a assistência privada, por ser mais bem distribuída — entre todos os necessitados e somente eles — e facilmente associada à exigência legítima de prestação de alguma contrapartida em trabalho: "A nenhum pobre que, por sua idade e saúde, possa trabalhar deve-se permitir que permaneça ocioso."

A renda mínima garantida na versão Speenhamland

Em maio de 1795, o município de Speen, no sul da Inglaterra, institui o direito a um benefício a todos os necessitados residentes em seu território. Confrontados com as revoltas pelo pão e com o risco da fome, os magistrados locais aprovam uma resolução na qual obrigam as paróquias a pagar um abono que complete o salário dos trabalhadores pobres de modo a atingir um patamar que leve em conta a composição da família, indexado pelo preço da farinha. Os beneficiários ficam obrigados, assim que puderem, "a custear eles mesmos as suas próprias necessidades". Esse mecanismo, conhecido pelo nome "sistema de Speenhamland", estendeu-se progressivamente a outras localidades.

> Seus efeitos sobre a pobreza, o desemprego e o desenvolvimento econômico foram, desde o princípio, objeto de um debate intenso que dura até hoje [Block e Somers, 2001]. Alguns, como Thomas Malthus (1766-1834), cujo *Ensaio sobre o princípio da população* [1798] data dessa época, reclamam a revogação de todo tipo de *Poor Law*: a generalização da ajuda pública aos pobres faria, em conseqüência, com que eles trabalhassem e poupassem menos, se casassem mais jovens e procriassem mais cedo e que o preço dos bens que consumissem aumentasse, reduzindo assim o salário real. Outros, pelo contrário, como Karl Polanyi (1886-1964), num capítulo famoso de *A grande transformação* [1944], vêem nisso um momento-chave do ajuste das instituições sociais a esse desafio sem precedentes que foi a Revolução Industrial. É verdade que o sistema de Speenhamland, muito controvertido, é definitivamente revogado em 1834. As *Poor Laws* são então reativadas e as *workhouses*, restabelecidas.

No decorrer dos decênios seguintes, diversos municípios europeus adotaram formas mais ou menos embrionárias de assistência aos desfavorecidos segundo esse modelo. Assim, em 1531, uma ordenação de Carlos V generaliza para o conjunto dos Países Baixos diversas disposições adotadas em nível local. Na Escócia (1579) e depois na Inglaterra (1601), são promulgadas as leis sobre os pobres (*Poor Laws*)*. Elas impõem aos

---

*Poor Laws ou Lei dos Pobres foi um mecanismo criado e reeditado por várias vezes na Inglaterra para regular a pobreza através da assistência social. A lei de 1388 estipulava que qualquer adulto em condições de trabalhar só poderia receber auxílio se aceitasse, em troca, algum trabalho. Em 1601, foi instituída nova lei, nacional, desta feita responsabilizando as paróquias pela sobrevivência de seus pobres e diferenciando-os entre si: aqueles merecedores de assistência, sem restrições — os incapacitados ao trabalho e aqueles com capacidade de trabalhar, mas carentes de vínculos familiares —, e aqueles que, avessos ao trabalho, deveriam passar por casas de correção. O Relatório da Lei dos Pobres 1834, que reformulou a Lei de 1601, passou a estigmatizar a indigência e punir quem não se adequasse ao trabalho. Aumentaram-se os controles para garantir patamares mínimos de assistência e institui-se a passagem pelas casas de trabalho (*workhouses*) como teste. (N. *da revisão técnica*)

municípios que cuidem dos indigentes sob a forma de uma assistência em gêneros e que em troca obriguem a trabalhar os que disso sejam capazes, se necessário em *workhouses* criadas com esse objetivo. Durante algumas décadas (1795-1834), por medo de que os levantes suscitados pela fome se transformem em revolução, as *Poor Laws* inglesas adotam até mesmo a forma do sistema de Speenhamland, que passa a ser parecido com os mecanismos modernos de renda mínima do tipo da RMI.

A seguridade social: de Condorcet ao Estado social bismarckiano

No século XIX, a Revolução Industrial e a desagregação rápida da solidariedade tradicional tornam cada vez mais premente a necessidade de modos de proteção social que ultrapassem o quadro restrito da ajuda aos indigentes. Buscando resistir às reivindicações do movimento socialista, o chanceler prussiano Otto von Bismarck põe de pé, a partir de 1883, o primeiro sistema generalizado de seguridade compulsória para todos os trabalhadores, cuja idéia fora formulada pela primeira vez por Condorcet (1745-1794) em seu *Esquisse d'un tableau historique des progrès de l'esprit humain* [1795].

No modelo que mais tarde será o "bismarckiano" ou "conservador-corporativo" [Esping-Andersen, 1990], adotado por grande parte da Europa continental, a proteção social está fortemente ligada ao trabalho e à condição de assalariado. Ao recolher contribuições obrigatórias sobre a remuneração dos trabalhadores, permite preservar, ainda que parcialmente, a renda deles e de sua família diante de um certo número de riscos: desemprego, doença, invalidez, velhice e falecimento. A partir de Bismarck, a proteção social assim metamorfoseada deixa de ser uma atividade marginal para tornar-se, pouco a pouco, uma das tarefas essenciais da autoridade pública. É o nascimento do

Estado social, no qual a seguridade relega à margem a assistência, sem, nem por isso, torná-la totalmente inútil.

A assistência social renovada: de Beveridge à RMI

Um sistema de seguridade social na verdade exclui, *de facto*, os que não têm acesso à condição de trabalhador: a solidariedade se exerce entre assalariados. Portanto, a implantação de um sistema de seguridade social não permite descartar definitivamente a questão da renda mínima. Esta retorna ao primeiro plano na esteira do famoso relatório *Social insurance and allied services* (1942), preparado sob a direção de William Beveridge. Com o National Assistance Act, de 1948, a Grã-Bretanha passa a ter um verdadeiro mecanismo de renda mínima em dinheiro, garantida sem limite de tempo a todas as famílias em um nível suficiente para atender às necessidades de subsistência, completando um sistema nacional reforçado e unificado de benefícios familiares e seguridade contra doença, invalidez, desemprego involuntário e velhice.

Durante a segunda metade do século XX, mecanismos análogos, mais ou menos gerais e generosos, serão criados em outras regiões da Europa, onde a insuficiência da proteção social baseada exclusivamente na seguridade é cada vez mais reconhecida. Os países nórdicos são os primeiros a integrar as diversas formas de auxílio social em programas nacionais de garantia de renda. Os Países Baixos vêm logo após, em 1963, e a Bélgica em 1974. Na Alemanha, uma lei federal de assistência social (1961) determina as regras gerais, embora sua aplicação seja deixada a critério das autoridades locais. Daí resultam variações relativamente modestas da interpretação das regras de seleção dos beneficiários e do cálculo do montante a ser pago aos que têm direito. Mas é na França que o debate público sobre a instauração de uma renda garantida terá maior amplidão, com a criação tardia, em 1988, de um ambicioso mecanismo nacional batizado de "*revenu minimum d'insertion*" ("renda mínima de inserção"), ou RMI.

Encontram-se igualmente mecanismos de garantia de renda em todas as províncias do Canadá e no conjunto da federação australiana. Nos Estados Unidos, nenhum programa atinge esse grau de generalidade. A Aid to Families with Dependent Children (AFDC) foi criada em 1935 para assistir as famílias pobres. Transformada em 1996 em Temporary Assistance to Needy Families (TANF), este programa impõe uma duração máxima à assistência e combina um financiamento federal prefixado com uma grande autonomia dos estados na distribuição dos recursos (pagamentos em dinheiro, creches, subvenção ao transporte etc.). Por outro lado, o programa *Food Stamps*, criado em 1964 no quadro da War on Poverty, de Lyndon B. Johnson, fornece a adultos disponíveis no mercado de trabalho bônus para a compra de alimentos que podem ser trocados nas lojas conveniadas.

Embora sua configuração concreta varie muito, esses diversos mecanismos visam a criar uma rede de último recurso para os mais desfavorecidos, garantindo-lhes o acesso a um mínimo de meios de subsistência. Reacendendo a chama dos magistrados de Speen, refutam, na maioria dos casos, o pagamento em gêneros e o trabalho forçado associados à concepção mais antiga de assistência social — a de Vives e das *Poor Laws*, bem como a dos defensores contemporâneos do *workfare*, modalidade mais coercitiva do Estado social ativo (cf. § IV.2). No entanto, têm em comum com esta concepção o princípio fundamental da assistência — a ajuda a quem está involuntariamente necessitado — e as três condicionalidades a ele associadas: a consideração da situação familiar, a comprovação de renda e a disposição para trabalhar.

A Europa dos mínimos sociais
(15 primeiros membros da União Européia)

País	Mecanismo de renda mínima (designação inicial)	Data de criação
Alemanha	Sozialhilfe	1961
Áustria	Sem mecanismo nacional	–
Bélgica	Minimex/Bestaansminimum	1974
Dinamarca	Bistand	1974
Espanha	Sem mecanismo nacional	–
Finlândia	Huoltoapu	1956
França	Revenu minimum d'insertion	1988
Grécia	Ainda não implantado	–
Irlanda	Supplementary Welfare Allowance	1977
Itália	Ainda não implantado	–
Luxemburgo	Revenu minimum garanti	1986
Países Baixos	Algemene Bijstand	1963
Portugal	Rendimento mínimo garantido	1997
Reino Unido	National Assistance	1948
Suécia	Sociolhjälp	1957

Fonte: Este quadro só registra os mecanismos gerais, regulamentados em nível nacional, que podem, no entanto, ser administrados de maneira (às vezes muito) descentralizada. Em vários casos, a designação e as condições de concessão da renda mínima evoluíram bastante com o tempo. Por outro lado, alguns Estados, não tendo implantado um mecanismo nacional, ainda assim adotaram programas de assistência relativamente uniformes. É o caso, por exemplo, da Espanha, onde todas as regiões autônomas criaram gradualmente mecanismos que apresentam numerosas semelhanças.

2. PIONEIROS

A dotação universal de Thomas Paine

Nenhuma dessas três condicionalidades está presente na proposta que Thomas Paine (1737-1809), figura de proa das revoluções americana e francesa, apresenta ao Diretório num opúsculo intitulado *La justice agraire*. Radicalmente irredutível quer à idéia de seguridade social, quer de assistência social, a proposta de Paine é conceder incondicionalmente uma dotação modesta e prefixada a todo homem ou mulher que chegue à idade adulta, assim como uma pensão modesta de aposentadoria. A seus olhos, não se trata aqui de caridade, nem mesmo de solidariedade, mas sim de justiça: para Paine, a distribuição igual entre todos do valor da terra concretiza de forma adequada a idéia mais abstrata, que data de *De jure belli ac pacis* (1625), do humanista holandês Hugo Grotius (1583-1645), segundo a qual a terra é propriedade comum da espécie humana.

Com justificativas por vezes diferentes, encontraremos mais tarde a mesma idéia em outros autores. Assim, em 1829, nos Estados Unidos, Thomas Skidmore (1790-1832), dirigente do efêmero *Workingmen's Party*, propõe que o valor das propriedades dos que morrerem durante um ano seja distribuído igualmente entre todos os que chegarem à idade adulta no decorrer daquele mesmo ano. Na mesma veia, o filósofo francês François Huet (1814-1869) propõe distinguir, no patrimônio de cada um, o que se deve ao seu próprio esforço e o que foi herdado. Da primeira parte a pessoa pode dispor à vontade, mas a segunda volta para a coletividade com a sua morte e contribui para financiar uma dotação de base igualitária para todos os jovens [Huet, 1853].

Depois de um longo eclipse, essa idéia de uma dotação de base voltou às boas graças com Bruce Ackerman e Anne Alstott [1999], professores da Yale Law School (Estados Unidos): combinada a uma aposentadoria universal, uma dotação de 80 mil dólares seria distribuída em quatro parcelas a todos os jovens que terminassem a escola secundária e financiada em essência por um imposto sobre heranças e fortunas.

A justiça agrária segundo Thomas Paine

O plano proposto consiste "em criar um fundo nacional para pagar a todos os indivíduos que atingirem a idade de 21 anos a soma de 15 libras esterlinas, a título de indenização pelo direito natural do qual o sistema de propriedade territorial os privou. E para pagar anualmente a soma de dez libras esterlinas, durante toda a vida, a todos os indivíduos que atingirem a idade de cinqüenta anos, e aos outros, à medida que cheguem a esta idade". Esses pagamentos serão feitos "a todos os indivíduos, pobres ou ricos", porque "todos os indivíduos têm direito igual, independentemente das propriedades que podem ter criado ou obtido por herança ou de qualquer outra maneira" [Paine, 1796].

O socialismo utópico de Spence, Charlier e Mill

Segundo Paine, o que justifica a propriedade igualitária da terra é uma *dotação* para todos. Um dos seus contemporâneos, o professor primário e militante radical inglês Thomas Spence (1750-1814), é, sem dúvida, o primeiro a ver aí a justificativa de uma renda regular. Num folheto publicado em Londres com o título "Os direitos das crianças" [Spence, 1797], começa criticando a *Justiça agrária* de Thomas Paine por só ter construído, sobre a base de uma verdade fundamental, um "execrável monumento de oportunismo e transigência". Em seguida, reformula a proposta que diz defender infatigavelmente desde a juventude: que cada localidade coloque em leilão o uso de todos os bens imóveis existentes, que utilize a receita para cobrir todas as despesas públicas locais, inclusive a construção e a manutenção dos imóveis, assim como os impostos devidos ao governo, e que distribua trimestralmente o excedente em partes iguais entre todos os habitantes, cuja subsistência será assim assegurada. O plano de Spence é objeto de um debate intenso entre os reformadores radicais ingleses da década de 1820 e depois cai no esquecimento.

Na França, na mesma época, o excêntrico e prolífico Charles Fourier (1772-1837), um desses visionários radicais desdenhosamente qualificados por Marx de "socialistas utópicos", proclama que a ordem civilizada deve a cada homem um "mínimo de subsistência abundante" por ter violado os direitos fundamentais que são a liberdade de caça, pesca, colheita e pastagem. Esta idéia de um mínimo garantido incondicionalmente está presente desde a sua *Lettre au Grand-Juge* (1803), mas é em *La Fausse industrie* (1836) que a desenvolve com maior exatidão. No espírito de Fourier, no entanto, se é evidente que a compensação é devida aos pobres sem contrapartida da sua parte, é igualmente claro que ela só é devida aos pobres e que deve assumir a forma de pagamento em gêneros.

> **O excedente a ser distribuído segundo Thomas Spence**
>
> "E quanto ao excedente, depois que todas as despesas públicas forem pagas, nós o dividiremos justa e igualmente entre todas as almas viventes da paróquia, quer sejam homens ou mulheres, casadas ou solteiras, legítimas ou ilegítimas, com um dia de vida ou de idade mais avançada, sem fazer nenhuma distinção entre a família dos fazendeiros e mercadores ricos (...) e a família dos operários e artesãos pobres (...), outorgando ao chefe de cada família uma parte plena e igual para cada nome sob o seu teto (...).
>
> Pode-se supor ajuizadamente que esse excedente, que deve ser distribuído a toda vivalma da paróquia no primeiro dia de cada trimestre, chegue a dois terços do total da receita apurada. Mas, seja qual for o seu montante, essa parte do excedente da receita é um direito imprescritível de todo ser humano na sociedade civilizada, como equivalente dos componentes naturais do seu patrimônio comum, do qual são privados em virtude da sua ocupação para fins de cultura e melhoria" [Spence, 1797, p. 87].

Seu discípulo Victor Considérant (1808-1893) parece dar um passo rumo a um verdadeiro abono universal quando fala em "adiantar o mínimo ao povo" [Considérant, 1845]. Mas é na pena de Joseph Charlier (1816-1896), pensador belga de inspiração fourierista, que podemos encontrar a primeira proposta elaborada de abono universal no continente europeu. No mesmo momento em que Marx e Engels concluem o *Manifesto do partido comunista*, Charlier publica em Bruxelas uma ambiciosa *Solução do problema social* [Charlier, 1848]. À imagem de Paine, Spence e Fourier, Charlier insiste, em sua obra, no fato de que todos os homens têm direito a gozar dos recursos naturais criados pela Providência para que possam prover às suas necessidades. A seus olhos, a propriedade fundiária privada é, por suposto, incompatível com a justiça e o Estado deve, afinal, tornar-se o único proprietário do solo. Reformista, Charlier não questiona, no entanto, os títulos de propriedade existentes e propõe um regime transitório que conceda uma "renda vitalícia" aos proprietários de terras, garantindo ao mesmo tempo a todos os outros, a maioria esmagadora de não proprietários, um "mínimo garantido" incondicional, pago trimestral ou mensalmente, que batizará em livro posterior [Charlier, 1894] de "dividendo territorial". Para determinar o nível deste "mínimo garantido", propõe um modelo de cálculo exato baseado na avaliação da renda da terra.

O mínimo de subsistência segundo Charles Fourier

"O primeiro direito, o da coleta natural, do uso dos dons da natureza, da liberdade de caça, colheita, pastagem, constitui o direito de se alimentar, de comer quando se tem fome. Este direito é negado na civilização pelos filósofos e concedido por Jesus Cristo nestas palavras: (...) Jesus, com estas palavras, consagra o direito de tomar, quando se tem fome, o necessário onde quer que se encontre, e este direito impõe ao organismo social o dever de garantir ao povo um mínimo de subsistência: já que a civilização o despoja do primeiro direito natural, o da caça, pesca, colheita, pastagem, deve-lhe uma indenização" [Fourier, 1836, p. 491].

Os textos de Joseph Charlier foram pouco lidos e logo esquecidos. Mas apenas um ano depois da publicação da sua *Solução do problema social*, outro admirador de Fourier, o economista e filósofo inglês John Stuart Mill (1806-1873), um dos espíritos mais influentes do século, publica uma segunda edição dos seus *Princípios de economia política* (1848). Neles, discute de forma aprofundada o sistema de Fourier, "de todas as formas de socialismo a mais habilmente elaborada", e interpreta-o sem ambigüidade como justificando a atribuição a cada um, seja ou não capaz de trabalhar, de um mínimo de subsistência.

A despeito da tradição fourierista, a idéia do direito de todos a uma parte igual do valor dos recursos naturais ressurge de tempos em tempos nas décadas seguintes, como, por exemplo, nos primeiros textos do sociólogo Herbert Spencer, na esteira da apologia do "imposto único" do reformador americano Henry George e nos textos normativos de um dos fundadores da economia matemática, o francês Léon Walras [Vallentyne e Steiner, 2000a]. Mas, em geral, ela se concretiza com o financiamento por essa via das despesas públicas com as quais supostamente todos lucram, mais do que pela concessão a todos de um benefício em dinheiro. Encontramos hoje, nos "libertários de esquerda" [Vallentyne e Steiner, 2002b], uma ligação íntima entre propriedade dos recursos naturais e abono universal (cf. § III.4).

O mínimo garantido segundo Joseph Charlier

Joseph Charlier não nega que o seu "mínimo garantido" possa constituir um "bônus de encorajamento à preguiça", já que permitiria viver sem trabalhar. Mas os limites impostos pela própria natureza da justificativa que invoca reduzem bastante esse risco: "Tanto pior para os preguiçosos: estes ficarão reduzidos à porção que lhes cabe. O dever da sociedade não vai

> além disso: garantir a cada um a sua justa participação no gozo dos elementos que a natureza colocou a seu serviço, sem usurpar a alguns em benefício de outros" [Charlier, 1894, p. 56].

3. PRIMEIROS DEBATES

Do militantismo à respeitabilidade: a Inglaterra no entre guerras

Algumas citações esparsas na literatura, em sua maior parte mal percebidas, não chegam a constituir um verdadeiro debate público. É em 1918, com o final da Primeira Guerra Mundial, que sobrevém na Grã-Bretanha um episódio que começa a se parecer com isso. Em *Roads to freedom* (*Caminhos da liberdade*, 1918), o filósofo Bertrand Russell (1872-1970), Prêmio Nobel de literatura e pensador político anticonformista, faz a defesa bem argumentada de um modelo de sociedade que pretende combinar as vantagens do socialismo e do anarquismo. Tal modelo inclui a atribuição a todos, "quer trabalhem, quer não", de uma "renda modesta, suficiente para cobrir as necessidades primárias".

Foi nesse mesmo ano que um jovem engenheiro chamado Dennis Milner (1892-1956) publicou, com a esposa Mabel, *Scheme for a state bonus*, pequeno folheto que propunha a instauração de uma renda concedida semanalmente e de forma incondicional a todos os cidadãos do Reino Unido. Indexada pelo produto nacional, o "bônus estatal" (*state bonus*) deveria permitir a solução do problema da pobreza, especialmente grave no contexto da Europa em reconstrução. Como cada indivíduo tem direito moral aos meios mínimos de existência, exclui-se qualquer obrigação de trabalhar sob pena de suspensão do benefício. Explicada num livro publicado pouco depois [Milner, 1920], apoiada por uma efêmera State Bonus League, essa proposta é discutida a sério em um congresso do Partido Trabalhista britânico em 1920, que finalmente a rejeita no ano seguinte. Milner volta-se, então, para outras atividades e emigra para os Estados Unidos.

Pouco depois, outro engenheiro inglês, Clifford H. (dito "Major") Douglas (1879-1952), espantado com a produtividade da indústria britânica logo após a guerra, interroga-se a respeito dos riscos de superprodução. Como uma população empobrecida por quatro anos de conflito poderia consumir bens abundantes, se os bancos relutam a lhe conceder crédito e o poder de compra só avança muito devagar? Para resolver esse problema, Douglas [1924] propõe, numa série de conferências e textos em geral muito confusos, a implantação de mecanismos de "crédito social", dos quais uma parte consiste em conceder a cada família um "dividendo nacional" mensal [Van Trier, 1995]. O movimento em favor do crédito social conhecerá destinos diversos, não conseguindo se implantar na Grã-Bretanha mas conquistando numerosos adeptos no Canadá, onde um *Social Credit Party* conduzirá a província de Alberta de 1935 a 1971, renunciando rapidamente, contudo, a instaurar o dividendo nacional.

Paralelamente, a idéia segue o seu caminho no círculo dos intelectuais próximos ao Partido Trabalhista britânico — entre eles, o economista George D. H. Cole (1889-1959), primeiro titular da cadeira de teoria política de Oxford. Em vários livros [1929, 1935, 1953] torna-se um defensor cada vez mais resoluto do mecanismo que será o primeiro a batizar de "dividendo social" [Cole, 1935]. Na apresentação que faz de J. S. Mill em sua *History of socialist thought* [1953], parece tam-

UMA IDÉIA NOVA?

bém ser o primeiro a utilizar a expressão inglesa *basic income* ("renda básica") para designar o abono universal, que acabará se impondo na discussão internacional. Em sua versão holandesa (*basisinkomen*), pode-se, no entanto, encontrar a mesma expressão desde 1934, na pena de Jan Tinbergen, primeiro Prêmio Nobel de economia (1969).

Politicamente menos ativo mas cientificamente mais respeitado do que Cole, outro economista de Oxford, o Prêmio Nobel James Meade (1907-1995), defendeu o "dividendo social" com tenacidade ainda maior, desde o seu *Esboço de programa econômico para um governo trabalhista* [1935] até seus últimos textos [1989, 1993, 1995], que promovem uma "agatotopia", na qual parcerias entre capitalistas e trabalhadores e o dividendo social financiado pelo patrimônio público pretendem dar solução conjunta aos problemas do desemprego e da pobreza. Uma variante da idéia surge ainda no núcleo do "novo contrato social" proposto pela liberal *lady* Juliet Rhys-Williams [1943]. Mas é o plano rival de outro liberal, William Beveridge [1942], que o leva ao Reino Unido antes de seguir para outras partes da Europa, fazendo o abono universal desaparecer do debate britânico durante vários decênios.

Na Europa continental, nessa época, encontramos sem dúvida algumas idéias que se aproximam de uma renda universal paga a cada cidadão, como no *Devoir de nourrir*, de Josef Popper-Lynkeus [1912], no movimento "distributista", de Jacques Duboin [1932], ou no movimento federalista de Alexandre Marc [1972]. Mas, como nos textos do romancista socialista americano Edward Bellamy [1888], estão estreitamente associadas a um serviço social obrigatório substancial que fazem dela mais um salário uniforme do que uma renda básica universal.

Um fulgurante fogo de palha: os Estados Unidos dos anos 1960

É nos turbulentos Estados Unidos da década de 1960, onde culmina o movimento pelos direitos civis, que o verdadeiro debate sobre o abono universal volta à tona. Sua inspiração é tripla. Em primeiro lugar, o economista americano Milton Friedman propõe, em *Capitalismo e liberdade* [1962], livro de divulgação para o grande público que aos poucos se transforma em *best-seller* mundial, uma reforma radical do Estado social americano, passando pela criação de um "imposto negativo". A expressão, utilizada a primeira vez pelo economista francês Antoine Augustin Cournot [1838] e retomada pelo economista britânico Abba Lerner [1944], designa, em Friedman, um crédito de imposto prefixado e reembolsável acoplado a uma tributação linear da renda. Um crédito de imposto reembolsável de valor G consiste numa redução do imposto até o limite de G para os contribuintes que devem um imposto pelo menos igual a G e, para os outros, numa isenção de imposto acoplada a uma transferência igual à diferença entre G e o imposto devido (cf § II.4). De acordo com Friedman, este mecanismo se destina a substituir o labirinto de inumeráveis mecanismos de proteção social existentes.

Em segundo lugar, com o apoio de um certo número de intelectuais mais ou menos "alternativos" reunidos no seu *Ad Hoc Committee on the Triple Revolution*, Robert Theobald (1929-1999) defende, em diversas publicações [Theobald, 1963, 1967], uma proposta mais vaga de renda mínima garantida inspirada na convicção de que a automação tende a tornar obsoleto o trabalho remunerado e que uma renda distribuída pelo Estado sem contrapartida é essencial para garantir a manutenção do consumo.

UMA IDÉIA NOVA?

> **O imposto negativo segundo Cournot, Lerner e Friedman**
>
> **1838:** "O bônus, invenção dos tempos modernos, é o contrário do imposto — é, usando a linguagem algébrica, um imposto negativo." Antoine Augustin Cournot (1801-1877), fundador da economia matemática.
>
> **1944:** "A criação de impostos negativos (...) significa que o governo, além de tomar o dinheiro dos indivíduos, o devolve a eles. Isso pode assumir a forma de auxílio social, pensões, bônus e até de um dividendo social quando se deseja aumentar globalmente o consumo." Abba Lerner (1903-1982), teórico do socialismo de mercado em livro sobre o qual Milton Friedman publica uma resenha em 1947.
>
> **1962:** "A princípio, (...) deve-se conceber um tal programa para ajudar as pessoas enquanto pessoas e não enquanto membros de algum grupo profissional. Em segundo lugar, na medida do possível, o programa, que funciona segundo as relações de mercado, não deve nem deformá-las nem dificultar o seu funcionamento. Do ponto de vista puramente mecânico, o mecanismo que se recomenda a princípio é o imposto de renda negativo." Milton Friedman (1912), principal pensador do neoliberalismo e ganhador do Prêmio Nobel de economia (1976).

Enfim e sobretudo, o futuro Prêmio Nobel de economia James Tobin (1918-2002) e outros economistas "liberais" — no sentido norte-americano da palavra — defendem, numa série de artigos [a partir de Tobin, 1965], a idéia de uma renda mínima garantida mais geral e mais generosa do que os programas de assistência existentes. Interessam-se, desde então, pelo imposto de renda negativo, sobre o qual Tobin e seus colaboradores publicam a primeira análise técnica [Tobin *et al.*, 1967]. Não se trata aqui, de modo algum, ao contrário de Friedman [1962, 1968], de substituir por um imposto negativo modestíssimo o conjunto de transferências sociais com vistas a simplificar radicalmente o Estado social para depois desmantelá-lo, senão aproveitando o título de diversas publicações de Tobin, de "aumentar a renda dos pobres", de "acabar com a pobreza nos Estados Unidos" ou até de "melhorar a situação econômica dos negros". Em seguida, em vez de administrar a renda garantida sob a forma de um "crédito tributário"* restituível ou transferível, Tobin declara a sua preferência por um pagamento automático a todos — um verdadeiro abono universal, que chama de *demogrant* —, mantendo a possibilidade, para quem desejar, de pedir a sua conversão em dedução fiscal. É o *demogrant* que Tobin, ao tornar-se o principal assessor econômico do democrata de esquerda George McGovern, passa a incorporar ao seu programa de candidato às eleições presidenciais de 1972.

Nesse meio-tempo, o governo do presidente republicano Richard Nixon já fizera de uma variante do imposto negativo o núcleo de um programa ambicioso de proteção social, o *Family Assistance Plan* (FAP), elaborado em 1969 pelo senador democrata Daniel Patrick Moynihan. O FAP previa a abolição do programa de assistência às famílias pobres com crianças (AFDC) e a sua substituição por uma renda garantida acompanhada de complementação financeira para os trabalhadores. Aprovado em abril de 1970 pela Câmara de Deputados, o plano de Nixon foi, contudo, rejeitado por poucos votos no Senado em outubro de 1972, apesar de várias revisões [Moynihan, 1973].

---

*Crédito tributário é uma definição jurídica que diz respeito à restituição de um valor recolhido indevidamente. No caso em questão do imposto de renda negativo, não se trata propriamente de um crédito, pois não houve recolhimento por parte da pessoa que se tornará beneficiária. Logo, não é uma restituição, mas uma transferência fiscal. (*N. da revisão técnica*)

UMA IDÉIA NOVA?

Juntamente com a derrota de McGovern para Nixon em novembro de 1972, a explosão do caso Watergate em março de 1973 e a renúncia de Nixon em novembro de 1974, essa derrota no Senado marca o fim da época gloriosa do imposto negativo no debate norte-americano [Lenkowsky, 1986]. A discussão prosseguiria, enquanto isso, num registro mais acadêmico com a realização de experiências de grande amplitude e da controvérsia sobre os seus resultados [Widerquist, 2004]. Nascido na mesma época, o debate é mais tenaz no Canadá, onde, com o nome de "renda anual garantida", as variantes do imposto negativo são propostas regularmente em relatórios oficiais federais e provinciais, do início dos anos 1970 a meados dos anos 1980. Há também alguns desdobramentos efêmeros na Europa, onde o imposto negativo, em geral conhecido pela única versão de Friedman, encontra rivais [Engels *et al.*, 1973; Stoleru, 1974] e críticos [Greffe, 1978].

4. EVOLUÇÃO CONTEMPORÂNEA

Nova largada: a Europa dos anos 1980

No final da década de 1970, quando o debate sobre o *demogrant* está quase esquecido nos Estados Unidos, surge no norte da Europa uma discussão sobre o abono universal, em geral com total ignorância dos avanços anteriores. Assim, na Dinamarca, três intelectuais defendem a proposta com o nome de "salário do cidadão", num *best-seller* nacional que mais tarde foi traduzido para o inglês com o título *Revolt from the center* [Meyer *et al.*, 1981].

Mas é sobretudo nos Países Baixos que a discussão sobre o abono universal toma realmente ímpeto. Desde 1975, J. P. Kuiper, professor de medicina social da Universidade de Amsterdã, preconiza a desvinculação entre emprego e renda para contrabalançar o caráter desumanizante do trabalho assalariado: somente uma "renda garantida" decente permitiria ao homem desenvolver-se com independência e autonomia [Kuiper, 1976]. Em 1977, o pequeno Partido dos Radicais (Politieke Partij Radicalen) é a primeira formação política européia dotada de representação parlamentar a incluir oficialmente a renda básica de cidadania (ou *basisinkomen*) no seu programa eleitoral, lançando ali mesmo a discussão na arena política holandesa. Esse movimento é rapidamente ampliado com a entrada em cena do sindicato da alimentação, o Voedingsbond FNV. Através de uma série de publicações e ações que defendem simultaneamente um abono universal e uma redução drástica da jornada de trabalho e, depois, abrigando em suas sedes a associação holandesa em prol da renda de cidadania, este sindicato desempenha um papel importante no debate holandês durante os anos 1980.

Em 1985, a discussão holandesa chega a um primeiro ponto culminante quando da publicação do relatório do prestigiado Conselho Científico para a Política Governamental (WRR), que recomenda a criação de uma "renda básica parcial", ou seja, um abono universal que não seja suficiente para cobrir as necessidades do indivíduo e que, assim, não possa substituir inteiramente o sistema existente de renda mínima garantida [WRR, 1985] (cf § IV.3).

O debate na França: Aire versus Mauss

Presidida inicialmente pelo acadêmico Henri Guitton (1904-1992), a Association pour l'Instauration d'un Revenu d'Existence (Aire) foi fundada em 1989 por instâncias de Yoland Bresson, professor de economia na Universidade Paris-XII. Desde *L'après-salariat* [1984], Bresson defende a idéia de uma renda incondicional que deveria ser paga a todos os cidadãos de uma nação em nível modesto (cerca de 250 euros em 2005), elevada à medida que a produtividade avança, e que é possível determinar objetivamente com a ajuda da noção de "valor-tempo". Na maioria dos seus textos posteriores, Bresson adota uma argumentação menos hermética — a passagem de uma sociedade de pleno emprego para uma sociedade de "plena atividade", a luta contra a "fratura social" para promover o que, acompanhando Guitton, prefere chamar de "renda de existência". A sua abordagem inspirou a proposta de "dividendo universal" da deputada Christine Boutin [2003] (cf. § IV.2).

Fundado em 1981 por iniciativa de Alain Caillé, professor de sociologia em Caiena e depois em Nanterre, o Mouvement Antiutilitariste dans les Sciences Sociales (Mauss) visa a promover uma postura que contesta a hegemonia da abordagem econômica (dita utilitarista) e propõe uma análise dos fenômenos sociais em termos de doação e contradoação. A associação não demorou para manifestar interesse ativo pela idéia do abono universal, a princípio reproduzindo e ampliando, num número especial de sua revista [*Du revenu social: au-delà de l'aide, la citoyenneté?*, 1987], o debate iniciado na Bélgica pelo Coletivo Charles Fourier, e depois publicando um outro número especial que reunia numerosos artigos inéditos — inclusive sobre a implantação concreta da proposta — e que, até hoje, constitui a contribuição mais substancial ao debate francês [*Vers un revenu minimum inconditionnel*, 1996]; finalmente, editando uma monografia bem documentada que narra a história política e social da renda garantida na França [Geffroy, 2002]. O

> próprio Alain Caillé publicou vários ensaios sobre o assunto [Caillé, 1994; Caillé e Insel, 1996]. Ele propõe substituir a RMI por uma "renda de cidadania" incondicional, que vislumbra como "um crédito de confiança primeiro e primordial do Estado e da sociedade diante dos excluídos, um crédito à sua liberdade e ao seu livre investimento em atividades de interesse coletivo" [Caillé e Insel, 1996, p. 165].

Paralelamente, mas de forma bem mais discreta, o debate também toma forma em outros países. Em 1984, no Reino Unido, o Basic Income Research Group (BIRG), que em 1998 se transformará em Citizen's Income Trust, forma-se em Londres, sob a égide do National Council for Voluntary Organisations. Na Alemanha, é o livro *Befreiung voit falscher Arbeit*, editado pelo ecolibertário berlinense Thomas Schmid [1984], que lança a discussão. Essa iniciativa é logo levada adiante por vários volumes coletivos inseridos no movimento verde [Opielka e Vobruba, 1986; Opielka e Ostner, 1987]. No mesmo período, Joachim Mitschke [1985], professor de finanças públicas na Universidade de Frankfurt, começa uma longa campanha em favor de uma renda do cidadão (*Bürgergeld*), concedida sob a forma de um imposto negativo, enquanto outros acadêmicos famosos, como Claus Offe [1992, 1996], próximo dos verdes, e de forma mais efêmera Fritz Scharpf [1993], próximo dos socialdemocratas, destacam a relevância da idéia.

Na França, intelectuais de renome tomam posição a favor da medida. O sociólogo e filósofo André Gorz, embora tenha defendido inicialmente uma versão próxima da de Edward Bellamy e dos distributistas — uma renda universal em contrapartida de um serviço social universal de 20 mil horas [Gorz,

1985] — evolui assim gradualmente para a defesa de um verdadeiro abono universal [Gorz, 1997]. O filósofo Jean-Marc Ferry, por sua vez, inscreve a sua apologia do abono universal numa reflexão sobre o contrato social e a cidadania européia [1995, 2000]. Em um contexto em que o pleno emprego em sentido clássico não se pode mais realizar, uma renda básica substancial deve permitir o surgimento de um setor "quaternário", no qual se exerçam atividades socialmente úteis. Duas associações de naturezas bem diferentes — a Association pour l'Instauration d'un Revenu d'Existence (Aire) e o Mouvement Anti-Utilitariste dans les Sciences Sociales (Mauss), contribuem igualmente para alimentar o debate.

Ampliação inesperada: a Basic Income Earth Network (Bien)

Esses avanços mais ou menos modestos, bastante independentes uns dos outros, e os seus autores mais ou menos discretos, sempre ignorantes do passado da idéia, vão descobrir-se uns aos outros e reforçar-se mutuamente graças à criação da Bien. Com o pseudônimo de "Coletivo Charles Fourier", um grupo de pesquisadores e sindicalistas ligados à Universidade de Louvain apresenta, em março de 1984, uma sinopse intitulada "A renda básica de cidadania" num concurso sobre o futuro do trabalho organizado na Bélgica pela Fundação Rei Balduíno. A sinopse é premiada em outubro de 1984, e o prêmio permite ao Coletivo Charles Fourier organizar, em setembro de 1986, um colóquio que reúne em Louvain-la-Neuve alguns dos que tiveram participação mais ativa nas rodadas de discussão sobre a renda de cidadania em seus respectivos países. Espantados ao se verem tão numerosos em torno de uma idéia que acreditavam ser os únicos a defender, os participantes decidem criar a Basic Income European Network (Bien, Rede Européia da Renda Básica), que dá início à publicação de um boletim informativo regular e organiza um congresso a cada dois anos.

> **A renda básica de cidadania segundo o Coletivo Charles Fourier**
>
> "Suprimam-se os auxílios-desemprego, os sistemas legais de aposentadoria, os sistemas existentes de ajuda social e renda mínima garantida, as pensões familiares, os abatimentos e créditos tributários para pessoas com dependentes, as bolsas de estudo, as subvenções ao emprego, a ajuda do Estado às empresas com dificuldades. Mas entregue-se todo mês a todos os cidadãos uma soma suficiente para cobrir as necessidades fundamentais do indivíduo que more sozinho. Pague-se ao que trabalha e ao que não trabalha, seja pobre ou seja rico, more sozinho, com a família, em concubinato ou em comunidade, tenha ou não trabalhado no passado. Faça-se tudo isso e observe-se o que acontece" [Coletivo Charles Fourier, 1985, p. 345].
> *O texto integral se encontra em www.etes.uci.ac.be.*

O nascimento de pesquisas análogas nos Estados Unidos, na América do Sul e na África do Sul, o reforço dos contatos com pesquisas preexistentes na Austrália e na Nova Zelândia e a participação cada vez menos exclusivamente européia nos congressos da Bien levou a rede a se globalizar por ocasião do seu décimo congresso, realizado em Barcelona em setembro de 2004. A entidade prossegue com suas atividades, com o nome de Basic Income Earth Network (Rede de Renda Básica da Terra), cujos primeiros presidentes são o economista

UMA IDÉIA NOVA?

Guy Standing, da Organização Internacional do Trabalho (OIT), e o senador brasileiro Eduardo Suplicy.

Discreto mas concreto: o Alasca

No entanto, é longe de todos esses debates que se põe em prática e se desenvolve o único sistema verdadeiro de abono universal existente hoje em dia. Em meados dos anos 1970, o governador republicano do estado do Alasca (Estados Unidos), Jay Hammond, se assusta com a possibilidade de que a enorme riqueza gerada pela exploração do petróleo da baía de Prudhoe, a jazida mais importante da América do Norte, beneficie exclusivamente a população atual do estado. Propõe, então, a criação de um fundo destinado a garantir, com o investimento de parte da receita do petróleo, a perenidade dessa riqueza. Em 1976, o Alaska Permanent Fund foi criado por uma emenda à Constituição do estado. Para que a população do Alasca se interesse pela sua sustentabilidade e crescimento, o governador Hammond formula o pagamento anual de um dividendo a todos os habitantes, proporcional aos anos de residência no estado. Levado diante da Suprema Corte dos Estados Unidos devido à discriminação contra os imigrantes vindos de outros estados, a proposta foi declarada em desacordo com a "cláusula da proteção igual", décima quarta emenda da Constituição Federal. Modificada para superar tal obstáculo, transforma-se, então, num verdadeiro abono universal [Alaska Permanent Fund Corporation, 1988].

Desde que o programa começou a funcionar, em 1982, todos os que residem legalmente no Alasca há mais de seis meses — hoje cerca de 650 mil pessoas — recebem todo ano um dividendo igual, seja qual for a sua idade e o tempo de moradia no estado. Tal dividendo corresponde a uma parte do rendimento médio, nos cinco anos anteriores, do fundo permanente constituído com a receita da extração do petróleo. Esse fundo, a princípio investido exclusivamente na economia do estado, tomou mais tarde a forma de um portfólio diversificado de escala mundial e, assim, o montante do dividendo permite atenuar as flutuações da conjuntura local, em vez de ampliá-las [Goldsmith, 2004]. Esse montante passou da média de trezentos dólares por pessoa por ano dos primeiros anos para mais de 2.000 dólares em 2000, tornando o Alasca o estado mais igualitário dos Estados Unidos. Depois o valor caiu, devido aos imprevistos da conjuntura do mercado de títulos (foi de 920 dólares em 2004). Embora às vezes proposta para outras regiões (cf. § IV.4), a fórmula implantada no Alasca continua a ser a única do seu gênero.

CAPÍTULO II Uma idéia plural?

Depois de expor, assim, uma visão geral da pré-história e da história da idéia da renda básica de cidadania e de sua difusão, é útil voltar atentamente à sua definição, para bem distingui-la do que não é renda de cidadania e para examinar as suas diversas variantes. Como já definimos no início, a "renda básica de cidadania" é *uma renda paga por uma comunidade política a todos os seus membros, em termos individuais, sem comprovação de renda nem exigência de contrapartida.*

1. UMA RENDA

Modalidade: em dinheiro ou in natura?

A renda de cidadania é uma renda. Uma renda, hoje em dia, costuma ser paga em dinheiro, mas poderia também ser paga em gêneros, sob a forma, por exemplo, da entrega regular e gratuita de uma ração de água, alimentos e roupas, do uso de um pedaço de terra ou de uma casa. Uma renda universal *in natura* que possa ser complementada com outras fontes foi, por exemplo, proposta pelo escritor libertário norte-americano Paul Goodman [1947], em conjunto com um serviço social de seis ou sete anos. Corresponde mais ou menos ao que a Cruz Vermelha organiza, com sustentação financeira da Comissão Européia e das Nações Unidas, em benefício dos 150 mil saarianos refugiados em território argelino.

Pode-se igualmente conceber que a renda de cidadania seja distribuída sob a forma de uma moeda específica com uso limitado, como, por exemplo, cupons de alimentos, ou ainda usando um numerário não entesourável que possa ser usado para qualquer tipo de consumo no decorrer de um determinado período mas que não possa ser objeto de poupança, como proposto, por exemplo, por Jacques Duboin [1998].

Como costuma ser concebida, contudo, a renda de cidadania, tal como os benefícios sujeitos a condicionalidades dos mecanismos convencionais de renda mínima garantida, é paga *em dinheiro*, sem nenhuma restrição à natureza ou à data do seu uso, deixando portanto a cargo de cada um essa decisão. A sua implantação é plenamente compatível com a manutenção e até o reforço das prestações universais em serviços, como o ensino básico gratuito, o seguro-saúde gratuito (quer tenha ou não a forma de acesso gratuito a cuidados médicos) ou o acesso gratuito a outros serviços públicos. Em princípio, é concebível tornar pagos esses vários benefícios universais *in natura* e aumentar, em conseqüência, o valor monetário do abono universal. Mas, ao contrário da interpretação que às vezes se faz [Sennett, 2003], não se trata aqui de uma característica constitutiva da renda de cidadania. A grande maioria dos seus defensores concebe-a como um complemento natural desses benefícios universais *in natura* e não como seu substituto.

Periodicidade: uma vez por dia, uma vez na vida?

A noção de renda implica um pagamento repetido, um fluxo, cujo intervalo pode ser mais ou menos longo. O caso-limite, que sai da definição de renda básica, corresponde a uma dotação inicial universal paga de uma só vez no início da vida adulta, como querem Paine, Ackerman e Alstott (cf. § I.2), ou no nascimento, embora numa conta bloqueada cujo acesso só é liberado com a maioridade, como no *baby bond* preconizado por Julian Le Grand [2003] e posto em prática no Reino Unido em 2003, em nível bem modesto da ordem de quatrocentos euros.

A essa dotação universal única se opõe a renda de cidadania propriamente dita, paga a intervalos regulares, quer trimestralmente, como em Charlier [1848], semanalmente, como em Milner [1918], anualmente, como no Alasca desde 1982, ou mensalmente, como na maioria das propostas atuais. É claro que uma dotação universal pode ser convertida em renda de cidadania. Basta investi-la de modo a produzir uma renda periódica cujo valor atualizado seja idêntico. Inversamente, pode-se conceber que uma renda básica possa ser hipotecada para dar acesso a uma dotação equivalente.

Entre uma dotação universal única e uma renda básica de cidadania, as diferenças não são menos reais. A princípio, o valor exato da renda periódica em que se pode converter uma dotação universal de determinado nível vai depender da expectativa de vida da pessoa a ser beneficiada. Qualquer que seja a sua periodicidade, um abono universal uniforme será desde então, por exemplo, mais favorável às mulheres que uma dotação universal equivalente, simplesmente porque a sua expectativa de vida é superior à dos homens.

Por outro lado, como seria natural — e coerente com relação à legislação existente sobre a matéria das rendas compensatórias — decretar inalienável o fluxo futuro do abono universal, uma dotação universal daria inegavelmente a quem a recebe, no momento em que a recebe, uma liberdade maior do que se recebesse até o fim da vida um abono periódico de valor equivalente. Em termos específicos, a dotação poderia ser integralmente investida numa iniciativa desastrosa ou evaporar-se no consumo de luxo. Por razões ligadas a essas diferenças, os partidários da renda de cidadania optam, em geral, por uma periodicidade relativamente curta — o mês em preferência ao ano — e os partidários da dotação universal única costumam vinculá-la a uma renda básica de cidadania paga regularmente a partir de certa idade — cinqüenta anos para Paine [1796], 65 anos para Ackerman e Alstott [1999].

Valor: superior ou inferior à linha de pobreza?

Nada, na definição da renda de cidadania, implica que o seu valor seja suficiente para cobrir as necessidades fundamentais de alguém, nem que deva se limitar a isso. Muitas propostas, no entanto, adotam a linha de pobreza, seja como ponto de referência, seja como objetivo de longo prazo. A especificação exata do nível de renda correspondente a esse patamar de pobreza é sabidamente controvertida. Segundo o critério adotado pela União Européia, por exemplo, situa-se em 60% da renda mediana equivalente nacional, ou seja, por volta de 750 euros por mês para uma pessoa sozinha num país como a França. Por razões que se atêm, antes de tudo, ao caráter estritamente individual da renda de cidadania (cf. § III.1), as propostas de efetivação imediata prevêem, em geral, um nível bem inferior: para um país como a França, entre duzentos e quinhentos euros por pessoa ao mês.

Quando se trata de avaliar os méritos de uma proposta de renda de cidadania, é importante, portanto, não se deixar enganar pelo seu valor. É preciso levar em conta a dimensão temporal — medida imediata ou objetivo de longo prazo — e o nível de vida da população envolvida. É preciso também examinar atentamente os ajustes do sistema fiscal e dos benefícios existentes que a proposta considerada inclui. Consideremos de um lado, por exemplo, uma renda básica de trezentos euros financiada pela supressão de todas as transferências não contributivas atuais (RMI, prestações familiares, aposentadoria mínima por idade etc.) e a sua redistribuição em partes iguais entre todos os cidadãos e, por outro lado, uma renda básica de duzentos euros financiada por um imposto progressivo que se somará integralmente ao conjunto de benefícios existentes. Nenhuma proposta sensata de renda básica de cidadania adota essas formas extremas. Mas a sua comparação basta para ilustrar o absurdo da atenção exclusiva na quantia proposta. Em função do modo de financiamento e das outras medidas acessórias, uma renda de cidadania de valor menor pode melhorar sensivelmente a situação dos mais pobres, enquanto uma que estipule uma quantia mais elevada pode piorá-la.

2. PAGA POR UMA COMUNIDADE POLÍTICA

Escala: municipal ou planetária?

Uma renda de cidadania, por definição, é paga por uma comunidade política e, portanto, financiada com recursos publicamente controlados. A maior parte das propostas atuais dizem respeito a Estados-nações, que são sempre os principais atores públicos da distribuição de renda. As expressões "*state bonus*", "*dividendo nacional*", "*salário do cidadão*", "*renda de cidadania*", utilizadas para designar a renda básica de cidadania, são outras tantas referências diretas à comunidade política nacional.

Nada impede, entretanto, que se imagine que a renda de cidadania possa ser financiada por uma comunidade política subnacional, uma região, por exemplo, ou mesmo uma cidade. De fato, se excetuarmos o Brasil, onde a lei sobre a renda básica de cidadania aprovada em 2004 submete a sua implantação gradual a condições orçamentárias que levam tempo para se concretizar, a única entidade política que já a instaurou é exatamente uma entidade subnacional, no caso o estado do Alasca (cf. § I.4). Na Catalunha (Espanha), quando tomou posse em 2003, o governo dirigido pelo socialista Pasqual Maragall incluiu no seu programa o estudo da factibilidade de uma renda de cidadania na região autônoma. Em março de 2004, dois partidos da coalizão no poder, Iniciativa per Catalunya-verdo e Esquerra Republicana de Catalunya, apresentaram ao Parlamento catalão uma proposta de lei nesse sentido.

Pode-se também imaginar uma renda de cidadania paga por uma entidade política supranacional. Assim, Jean-Marc Ferry [1995, 2000] fez dela um ingrediente central da cidadania da União Européia, enquanto Genet e Van Parijs [1992] e Van Parijs e Vanderborght [2001] examinam diversas fórmulas de implantação de uma renda de cidadania nesse nível (cf. § IV.4). Mais audacioso, o artista holandês Peter Kooistra [1994] criou uma fundação que patrocina o projeto de uma renda de cidadania financiada pelas Nações Unidas. Esta idéia de um abono mundial foi retomada pelo jornalista alteromundista belga Dirk Barrez [1999] e pelo economista canadense Myron Frankman [1999, 2004]. Os dois argumentam que até um montante pequeníssimo faria grande diferença em termos de pobreza. Assim como o sufrágio universal, o abono universal ou renda básica de cidadania não precisa se estender ao universo para merecer o seu nome.

Financiamento: redistribuição ou distribuição?

A renda básica de cidadania, por definição, é financiada pelo poder público. Mas a definição não estipula de que maneira. Pode, em princípio, ser financiada, como a maior parte das outras despesas públicas, pelo orçamento geral do Estado, alimentada por receitas variadas (impostos diretos e indiretos, lucro das empresas públicas etc.). A maior parte dos cenários possíveis e detalhados de implantação da medida [Parker, 1989; Reynolds e Healy, 1995; Gilain e Van Parijs, 1996] prevê, assim, uma adaptação da estrutura do imposto de renda das pessoas físicas, sendo a instauração da renda de cidadania acompanhada da eliminação de numerosas isenções e deduções.

No entanto, diversas propostas atribuem o financiamento da renda de cidadania a um imposto específico. Assim, o "modelo de Ulm" promovido por Helmut Pelzer [1996] reserva para esse fim o produto integral de um imposto proporcional cobrado sobre uma base de renda sensivelmente maior que o imposto de renda das pessoas físicas.

O imposto de renda não é o único modo de financiamento fiscal imaginável. Assim, o modelo elaborado pelo empresário belga Roland Duchâtelet [1994] e promovido pelo partido político que ele fundou (cf. § IV.2) reserva para o financiamento da proposta um imposto sobre o valor agregado (IVA) drasticamente aumentado, sendo o imposto sobre as pessoas físicas, por sua vez, muito reduzido. Para amenizar o seu caráter regressivo, o IVA pode ser modulado em função do tipo de produto. Outros propõem ainda um financiamento pelo menos parcial com tributos ecológicos, em particular sobre o uso de energia [Robertson, 1989; Genet e Van Parijs, 1992], ou até por uma "taxa Tobin" sobre o movimento dos capitais especulativos [Bresson, 1999].

Na esteira de Thomas Paine [1796], Joseph Charlier [1848] e Henry George [1879], vários autores contemporâneos privilegiam o imposto fundiário [Steiner, 1992, 1994; Robertson, 1998] ou, de forma mais ampla, a tributação do uso dos recursos naturais, inclusive da capacidade de absorção de poluição pela atmosfera [Davidson, 1995]. A seus olhos, não se trata mais propriamente de falar de um imposto redistributivo, mas sim da *distribuição* entre todos de um aluguel pago pelo uso de um recurso — a Terra — que é (moralmente) propriedade de todos. Nesse sentido, a renda de cidadania financiada por uma captação da renda fundiária é, em essência, análoga ao dividendo pago a todos os moradores do Alasca com base na receita gerada pela exploração do petróleo. No mesmo espírito mas de forma mais radical, o "dividendo social" pago a cada um na sociedade "agatotópica" de James Meade [1989] é a parte de cada um nos lucros gerados pelo capital produtivo do país, propriedade pública confiada à gestão privada.

UMA IDÉIA PLURAL?

A renda básica de cidadania financiada pelo imposto de renda

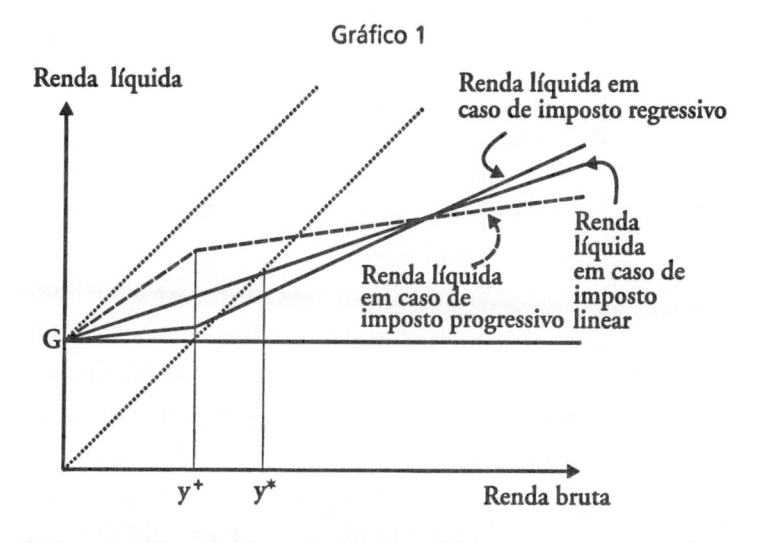

Gráfico 1

Rendas brutas e líquidas. O eixo horizontal representa a renda bruta, antes das deduções e transferências. No eixo vertical, G representa o valor de renda básica paga a cada cidadão, seja qual for o nível de renda bruta. A bissetriz representa o que seria a renda líquida com nível nulo de tributação e, portanto, de renda de cidadania: a renda líquida e a bruta são idênticas. A segunda linha pontilhada que parte de G representa a renda bruta somada à renda de cidadania. Finalmente, a linha grossa representa o perfil da renda líquida, levando em conta ao mesmo tempo um imposto linear de 50% e o abono universal que ele permite financiar.
Contribuintes e beneficiários. O patamar y* ou "ponto de equilíbrio" (*break even point*) corresponde à interseção desta linha com a linha de 45°. Fica necessariamente abaixo da renda mínima garantida, y' (= G). Quem recebe uma renda bruta superior a y* são os contribuintes líquidos do financiamento da renda de cidadania: este é inferior ao imposto que pagam, e a sua renda líquida é, portanto, inferior à sua renda bruta. O contrário é verdadeiro para aqueles cuja renda bruta é inferior a y*, que são, portanto, os beneficiários líquidos do mecanismo.
Outras despesas públicas. O gráfico supõe que o Estado não tem outras despesas além do pagamento da renda de cidadania. Em presença de outras despesas, o valor disponível para ela diminui com a alíquota dada; ou a alíquota aumenta até o nível da renda de cidadania dada. Nesses dois casos, o patamar y* se desloca para a esquerda: é preciso uma renda mais baixa para ser beneficiário líquido.
Imposto progressivo e regressivo. Em vez de ser linear (ou proporcional), o imposto de renda destinado ao financiamento da renda de cidadania pode ser progressivo ou regressivo, quer dizer, gerar receita com alíquotas marginais crescentes ou decrescentes. A linha grossa (imposto linear) é, portanto, substituída por uma *linha de perfil côncavo (linha tracejada)* no caso de imposto regressivo (a renda mais

elevada contribui mais que as outras em termos relativos, não apenas absolutos) ou *de perfil convexo (linha cinzenta)* em caso de imposto regressivo (contribui proporcionalmente menos que a baixa renda). A linha tracejada do gráfico corresponde ao caso específico em que a alíquota marginal do imposto aumenta a partir do nível de renda bruta igual à renda mínima garantida (y^+ = G) (imposto progressivo). A linha cinzenta do gráfico corresponde ao caso específico em que a alíquota marginal do imposto diminui a partir do nível de renda bruta igual à renda mínima garantida (y^+ = G) (imposto regressivo).

O fato de que a renda de cidadania pode e deve ser financiada pela distribuição mais do que pela redistribuição é um tema que também se repete entre os que propõem recorrer à criação monetária. É o caso do movimento do "Crédito Social" do Major Douglas [1924] e do movimento distributista de Jacques Duboin [1932], os dois preocupados em prevenir, através da distribuição do poder de compra, as crises de superprodução que, sem isso, seriam provocadas pelo crescimento da produtividade. Em geral recusado em razão da ingenuidade com que os seus defensores tratam o risco de inflação — e, portanto, do imposto disfarçado gerado por ela —, esse modo de financiamento pela criação monetária foi objeto de uma reformulação mais rigorosa e prudente por Joseph Huber [1998, 2000]. Segundo sua análise, só uma parte modesta e flutuante de uma renda de cidadania substancial é suscetível de ser financiada desta maneira de forma prolongada.

3. A TODOS OS SEUS MEMBROS EM TERMOS INDIVIDUAIS

Condição: cidadãos ou residentes?

Uma vez definidos os limites geográficos da comunidade política, pode-se igualmente adotar um conceito mais ou menos amplo da condição de pertencimento a essa comunidade. Aque-

UMA IDÉIA PLURAL?

les que, entre os defensores da renda básica de cidadania, privilegiam a denominação de "renda de cidadania" tendem a considerar que a qualidade de "membro" da comunidade que dá acesso ao abono universal só se aplica aos *cidadãos*. O direito à renda é, portanto, um dos aspectos do conjunto de direitos e deveres que acompanham a plena e total cidadania, como no conceito do filósofo francês Jean-Marc Ferry [1995].

Outros, que vêem, antes de tudo, na renda básica um instrumento de luta contra a pobreza e o desemprego, interpretam a qualidade de "membro" de forma mais ampla, incluindo aí o conjunto dos *moradores permanentes* de um território. Para os moradores não-cidadãos, o critério prático poderia, portanto, basear-se no tempo mínimo de residência ou, mais logicamente, nas condições que definem atualmente a residência fiscal.

Mesmo que se adote uma definição extensiva da noção de membro de uma comunidade política, a população inteira poderá incluir indivíduos sem direito ao benefício. Manter os delinqüentes na prisão é muito mais caro para uma comunidade política do que pagar-lhes uma renda de cidadania modesta, mesmo levando em conta o trabalho produtivo que é possível que realizem. Na hipótese de que a sua prisão seja justificada, é lógico, portanto, que os presos percam o benefício da renda de cidadania enquanto durar o seu encarceramento, mas que o recuperem depois de cumprida a pena.

Idade: restrição ou ajuste?

Pode-se também imaginar um conceito mais ou menos extensivo da condição de pertencimento à comunidade política em função da idade. Na maioria das propostas apresentadas, a renda de cidadania é outorgada apenas aos membros *maiores de idade* da população. Portanto, é vista como complemento natural de um mecanismo de prestações familiares universais de menor valor a favor dos menores de idade, seja qual for a posição da criança na fratria, a renda e a situação socioprofissional dos pais. No entanto, é possível imaginar uma renda de cidadania outorgada no mesmo patamar do nascimento até a morte. É um dispositivo assim que vigora no Alasca e que vários autores propuseram, às vezes em nível bastante mais elevado [Miller, 1983]. Em geral, contudo, os que propõem uma renda de cidadania do nascimento até a morte ajustam-na em função da idade, passando por dois ou três patamares antes da maioridade. Um ajuste da renda de cidadania também costuma ser adotado no caso dos aposentados, quando o abono se transforma em um benefício previdenciário básico com valor mais alto, individual, não contributivo e cumulativo com todas as outras rendas, a partir dos 65 anos [Clark, 2002].

Para que um abono seja universal no sentido aqui estabelecido, não é portanto necessário que seja concedido a todos desde o nascimento, mas sim que o seja a todos os membros adultos da comunidade considerada. Ele não deve tampouco ser pago em valor igual a todos, sendo a tal diferenciação apenas o reflexo de um ajuste em função de idade. Uma diferenciação em função do custo de vida num vasto território só é aceitável se for justificada como uma maneira de manter a eqüidade, em termos reais, entre as diversas partes deste território. Uma diferenciação em função das necessidades — por exemplo, o grau de deficiência física —, por outro lado, ultrapassa os limites da noção, ainda que seja perfeitamente concebível que à renda de cidadania se acrescente, para os deficientes, uma prestação complementar e condicional.

UMA IDÉIA PLURAL?

Unidade: família ou indivíduo?

Os mecanismos convencionais de renda mínima costumam partir da hipótese — dificilmente contestável — de que a vida em comum permite realizar economias de escala e, em termos mais gerais, que o custo de vida por pessoa diminui com o tamanho da família. O nível de renda mínima costuma, assim, ser calculado de forma a ser menor para cada membro de um casal do que para uma pessoa sozinha. No caso da RMI francesa, por exemplo, uma pessoa sozinha recebe, em média, cerca de 25% a mais do que uma pessoa vivendo com cônjuge (sem filhos). O bom funcionamento de um sistema como esse torna inevitável alguma forma de controle administrativo da situação pessoal dos beneficiários.

Algumas propostas apresentadas com nomes às vezes utilizados para designar a renda de cidadania — por exemplo, o *Bürgergeld* de Joachim Mitschke [1985, 2004] — usam essa mesma diferenciação. Da forma aqui compreendida, pelo contrário, a renda básica de cidadania é estritamente individual, não apenas no sentido de ser paga individualmente a cada pessoa em vez de ao chefe da família, mas também no sentido de que o valor dela não é de modo algum afetado pelo estado civil do beneficiário ou por sua situação de morar sozinho ou coabitar.

4. SEM COMPROVAÇÃO DE RENDA

Transferência a priori e a posteriori

Segundo as várias modalidades, todos os mecanismos convencionais de renda mínima exigem comprovação de renda familiar. O benefício efetivamente pago representa, em geral, a diferença entre a renda da família (salário, outras prestações, aluguéis, outros rendimentos etc.) e o patamar de renda mínima prescrito pela lei para a categoria de família considerada. Também é decrescente: seu valor é máximo quando as outras receitas são nulas e diminui à medida que estas aumentam, reduzindo-se em um euro a cada euro de renda obtida em outras fontes. Nesse sentido, trata-se de um sistema de transferência *a posteriori*, baseado numa estimativa, embora aproximada, dos rendimentos dos beneficiários.

A renda básica de cidadania, pelo contrário, constitui uma transferência *a priori*. É paga aos ricos e aos pobres, sem considerar o nível de suas outras rendas, muito menos o seu patrimônio ou os recursos das pessoas próximas. É concedida integralmente àqueles cuja renda ultrapassa o nível de renda mínima que ela assegura a todos, assim como àqueles cuja renda é inferior a este mínimo. Se a fonte do seu financiamento é externa, por exemplo, a receita da exploração pública de um recurso natural, a implantação de um abono universal aumenta igualmente, portanto, a renda de cada um. Mas, se o financiamento vem de um tributo sobre a renda — quer seja no ponto onde é gerada (imposto de renda das pessoas físicas), quer no ponto onde é gasta (IVA) —, é claro que os titulares das rendas tributadas financiam o seu próprio abono (e mais ainda). Portanto, é claro que, se a medida é implantada como complemento das transferências existentes, a renda dos mais ricos não aumentará, pelo contrário.

Renda mínima garantida convencional

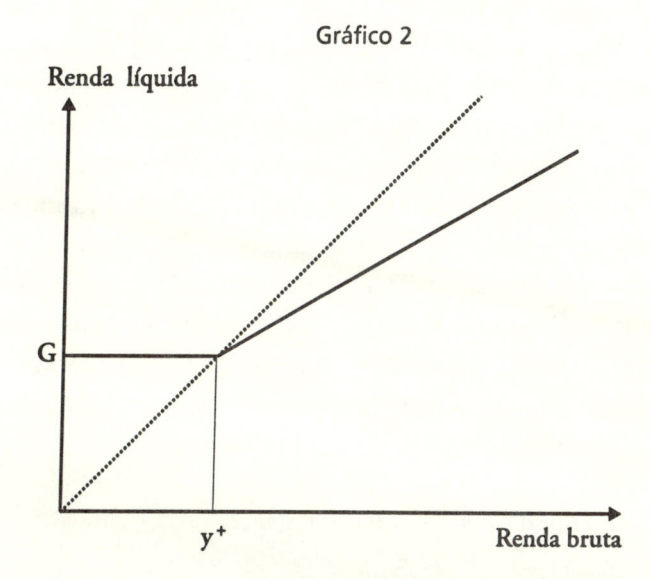

Gráfico 2

Rendas brutas e líquidas. O eixo horizontal representa a renda bruta, antes dos descontos e transferências. No eixo vertical, G representa o valor da renda mínima garantida. A bissetriz representa o que seria a renda líquida com nível nulo de tributação e, portanto, de renda mínima garantida: a renda líquida e a bruta são idênticas. Nos mecanismos convencionais de renda mínima garantida, as transferências cobrem a diferença entre a renda bruta do beneficiário e o nível de renda líquida que se quer garantir a todas as famílias de uma determinada categoria. A linha grossa representa o perfil da renda líquida levando em conta, ao mesmo tempo, estas transferências e o imposto, supostamente proporcional, necessário para financiá-las.
Contribuintes e beneficiários. No gráfico as distinções entre contribuintes e pensionistas e entre contribuintes líquidos e beneficiários líquidos coincidem. Nada impede, portanto, que o imposto de renda comece num nível inferior ao nível de renda garantida G. Nesse caso, pode-se pagar imposto mesmo sendo beneficiário líquido. Nada impede também que o imposto de renda comece num nível superior ao nível de renda garantida G. Nesse caso, pode-se estar isento do imposto sem, contudo, ser beneficiário líquido.
Outras despesas públicas. O gráfico supõe que o Estado não tem outras despesas além do pagamento das transferências de renda mínima garantida. Em presença de outras despesas, a alíquota do imposto ou o nível de renda garantida terá de se ajustar.

A diferença entre uma renda de cidadania e um benefício cujo valor varia em função da renda persiste. Ao contrário deste, a concessão daquele não exige, como tal, nenhuma comprovação de renda nem que se distinga, no seio da população, os que são pobres o bastante para serem beneficiários e os demais. Se o financiamento se faz por um imposto sobre a renda, naturalmente é necessário algum controle da renda. Mas, mesmo nesse caso, a diferença continua pertinente. Pode-se compreendê-la melhor examinando a relação entre a renda de cidadania e um mecanismo que se assemelha mais a ela que os mecanismos convencionais de renda mínima garantida, no ponto em que a sua equivalência pura e simples costuma ser afirmada: o imposto de renda negativo.

Renda básica de cidadania e imposto negativo

Em sentido amplo, o imposto de renda negativo não passa de uma quantia paga pela administração fiscal a quem está sujeito ao imposto devido à sua renda, assim como o imposto de renda positivo é uma cobrança efetuada pela administração fiscal em função da renda do contribuinte. Em sentido usual e mais estrito, que utilizaremos aqui, o imposto de renda negativo consiste na combinação de um imposto positivo crescente (de maneira proporcional, progressivo ou regressivo) a partir do primeiro euro de renda e de um "crédito tributário" uniforme e transferível ou reembolsável. Essa combinação se manifesta no pagamento de um imposto negativo igual a este "crédito tributário" a todos os contribuintes sem outra fonte de renda e num valor menor a todos os outros contribuintes que teriam de pagar um imposto positivo inferior ao "crédito tributário". O contribuinte que deve um imposto positivo exatamente igual ao "crédito tributário" não paga nem recebe nada: está no "ponto de equilíbrio", ou *break even point*. Todos os outros contribuintes têm de pagar um imposto positivo, tanto mais alto quanto sua renda é elevada.

Imposto de renda negativo

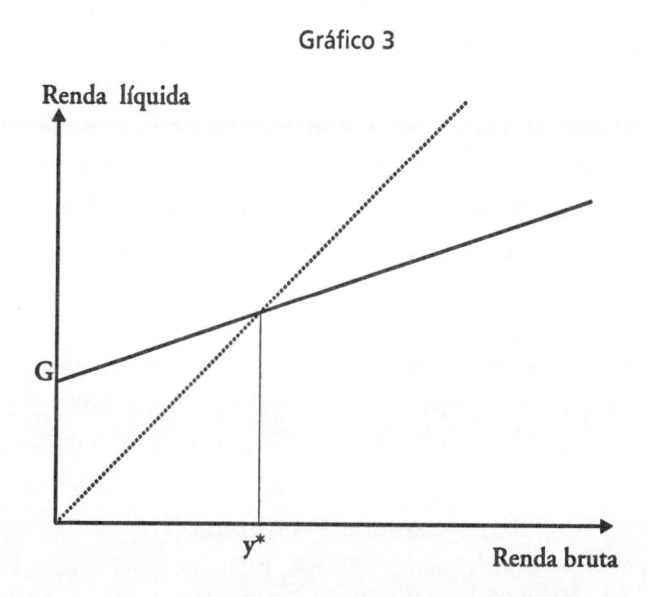

Gráfico 3

[Gráfico: eixo vertical "Renda líquida", eixo horizontal "Renda bruta", com ponto G no eixo vertical e ponto y no eixo horizontal]*

Imposto negativo. Num mecanismo de imposto de renda negativo, o valor da quantia paga a uma família é gradualmente reduzido em caso de aumento da renda, até ser igual a zero no "ponto de equilíbrio" (y*), nível de renda bruta a partir do qual o imposto negativo se transforma em imposto positivo.
Imposto linear. Quando o mecanismo é linear, como neste gráfico, o valor pago se reduz na mesma razão (expressa como um percentual de cada unidade de renda bruta suplementar), na zona situada aquém do ponto de equilíbrio (y*), e o imposto positivo cresce na zona situada além dele.

Na versão linear do imposto negativo popularizada por Milton Friedman [1962, 1968], o imposto é proporcional. Como o "crédito tributário" é uniforme, a taxa de redução do imposto negativo à medida que as rendas mais baixas se elevam é, portanto, igual à taxa de aumento do imposto positivo à medida que as rendas mais altas se reduzem. Mas tal proporcionalidade não é inerente à noção de imposto negativo, que exige somente que o "crédito tributário" seja o mesmo para todos, seja qual for o perfil das alíquotas.

Numa primeira aproximação, há uma equivalência visível entre renda de cidadania e imposto negativo, contanto que o montante do primeiro seja igual ao "crédito tributário" uniforme existente no segundo. No primeiro mecanismo, todos recebem uma renda igual e (quase) todos pagam um imposto diferenciado, enquanto no segundo somente alguns recebem uma renda, menor para (quase) todos do que no primeiro mecanismo, e só os outros pagam imposto, menor para todos. Mas, positivo ou negativo, o imposto líquido é igual nos dois casos e, portanto, a renda líquida também (as linhas grossas dos gráficos 1 e 3 coincidem exatamente).

O que parece equivalente no papel pode, contudo, gerar na realidade efeitos bem diferentes. A renda de cidadania age como um adiantamento que aumenta a renda bruta de cada indivíduo, com recuperação posterior parcial ou total. O mecanismo do imposto negativo, pelo contrário, só pode determinar a quem transferirá uma renda depois que as declarações fiscais foram preenchidas e conferidas. Além disso, tende, naturalmente, a computar a renda e o "crédito tributário" de cada família, de modo a calcular um valor único a transferir ou cobrar. Essa dupla diferença pode ser atenuada, de um lado, por um sistema já bem difundido de cobrança do imposto na fonte e pela opção dada àqueles que o desejarem de transformar sua renda de cidadania em "crédito tributário" e, de outro, permitindo-se que todos os indivíduos que quiserem solicitem o desembolso antecipado do "crédito tributário" que lhes é devido. Mas, mesmo levando em conta essas adaptações, as diferenças continuam a ser suficientes, como veremos mais à frente, para conferir à renda de cidadania e ao imposto negativo potenciais distintos tanto como instrumentos de luta contra a pobreza e o desemprego (cf. § III.1-2), quanto em termos de factibilidade política (cf. § IV.3).

Universalidade e acumulação de renda

Ao contrário dos mecanismos convencionais de renda mínima garantida, a renda de cidadania não depende de comprovação de insuficiência de renda e é paga a todos. Essa característica costuma ser associada à idéia de que a renda básica, ao contrário desses mecanismos, é plenamente cumulativa com qualquer outra renda, o que, assim, contribui necessariamente para melhorar a situação líquida da pessoa beneficiária.

A RMI como variação regressiva do imposto negativo

Taxa de retirada do benefício. Caso se abstraia a questão da contrapartida (cf. §II.5), as fórmulas convencionais de renda mínima garantida, como a RMI, podem ser vistas como uma variação-limite de um imposto negativo configurado no nível das famílias. Formalmente, o mecanismo típico de renda mínima garantida corresponde, com efeito, à variante mais regressiva do imposto negativo, a que estabelece uma alíquota marginal implícita de 100% sobre a renda mais baixa: é verdade que cada euro ganho com o trabalho está isento de todo imposto explícito, mas como esse ganho é acompanhado de uma redução do benefício na razão de um euro, isso resulta, implicitamente, em cobrar um imposto de 100% a cada euro suplementar. Ao completar sistematicamente a diferença entre a renda obtida de outras fontes e um dado patamar, tal mecanismo convencional diminui o benefício na medida exata em que a renda aumenta e submete-o, portanto, a um imposto marginal de 100% (cf. a comparação dos gráficos 2 e 3). Alguns mecanismos convencionais incluem, todavia, a possibilidade de acumular o valor máximo do benefício com uma outra renda durante um período limitado e/ou até um limite baixo (fórmulas ditas de "interesse" ou "participação"), aproximando-se assim um pouco de formas de imposto negativo mais ortodoxas, menos dissuasivas para os que dispõem de um poder de ganho mais fraco.

Recursos considerados. Uma diferença mais profunda entre os mecanismos convencionais de renda mínima e o imposto negativo diz respeito à definição dos recursos considerados para determinar o valor do benefício. No caso do imposto negativo, a definição é a mesma do imposto positivo: ou seja, calcula-se o imposto devido, talvez com alíquotas distintas para os diversos tipos de receita do trabalho e da poupança, deduz-se do "crédito tributário" prefixado e paga-se a diferença. Os mecanismos de renda mínima tendem a adotar uma definição mais ampla dos recursos: além da renda tributável devidamente computada na sua integralidade (e, portanto, submetida à alíquota implícita mais elevada), considera-se, em medida variável, o patrimônio dos beneficiários, sua renda em gêneros e os recursos que obtêm ou podem obter com as pessoas que lhe são próximas. O cálculo do imposto negativo, por sua vez, é tão pouco afetado por essas outras dimensões quanto o cálculo do imposto positivo. Comparado aos mecanismos convencionais (do tipo da RMI), resume-se, portanto, até mesmo para um perfil dado de alíquotas marginais aparentes, a um tratamento mais favorável dos titulares de baixa renda ou, em outros termos, a um perfil efetivo de tributação menos regressivo.

UMA IDÉIA PLURAL?

A apresentação da idéia do imposto negativo impõe cautela, para que não se identifiquem com excessiva rapidez esses dois contrastes entre a renda de cidadania e os mecanismos convencionais. O fato de os pagamentos efetuados segundo um mecanismo de imposto negativo estarem submetidos a comprovação da renda não significa, de modo algum, que todo ganho seja integralmente neutralizado pela redução gradual desses pagamentos. Seu valor diminui à medida que as outras rendas aumentam, mas diminui menos do que estas aumentam. Em outras palavras, a alíquota marginal implícita para os beneficiários de um imposto negativo pode ser inferior, igual ou superior à alíquota marginal explícita do imposto positivo, mas é sempre inferior a 100%. Nos mecanismos convencionais de renda mínima garantida, os pagamentos cobrem a diferença em relação ao nível que se quer garantir a todos, e a alíquota marginal implícita é, portanto, exatamente 100%: cada euro suplementar do lado dos recursos equivale à retirada de um euro do lado do pagamento da complementação. Portanto, não é o controle da renda que, como tal, exclui a possibilidade de "acumular" o benefício com as outras receitas, no sentido em que estas aumentam necessariamente a renda líquida da pessoa beneficiária.

Pelo contrário, a ausência de controle da renda constitutiva da renda de cidadania não implica, estritamente falando, essa possibilidade. Na verdade, em princípio é concebível que uma renda básica de cidadania seja financiada por um imposto cuja alíquota seja de 100% até um nível de renda igual ao abono. A distribuição da renda líquida assim gerada coincidirá com a que costuma resultar dos mecanismos existentes de renda mínima garantida (cf. gráfico 2), abstraindo-se aqui a possível diferença entre os recursos que estes levam em conta e a renda tributável (cf. o quadro). Ainda que esse exemplo de caso tenha sido estudado [Salverda, 1984], nunca foi realmente proposto, tão absurda parece a idéia de taxar explicitamente em 100% a primeira fatia de renda. Supondo, portanto, que se exclua esse caso extremo, a "universalidade" da renda de cidadania implica, portanto, a sua "cumulatividade" no sentido indicado.

Renda básica de cidadania e "crédito tributário" transferível

A discussão da relação entre renda de cidadania e imposto negativo permitiu esclarecer a diferença entre essas propostas e as diversas fórmulas de "crédito tributário" reembolsável ou transferível postas em prática nos Estados Unidos (Earned Income Tax Credit, EITC, 1974) e depois na Europa (Working Families Tax Credit, Reino Unido, 1997; Prime pour l'Emploi, PPE, França, 2001; etc.) com vistas a reforçar os estímulos para o acesso ao mercado de trabalho e melhorar a situação financeira dos trabalhadores pobres. Como o imposto de renda negativo, trata-se de um mecanismo que se materializa sob a forma de uma dedução fiscal para alguns e do pagamento a outros de uma transferência pela administração fiscal. Mas, enquanto o "crédito tributário" reembolsável ou transferível que está no âmago do imposto negativo é, como a renda de cidadania, prefixado e igual para todos, o "crédito tributário" instituído por esses outros mecanismos varia em função da renda.

> **A renda básica de cidadania deve ficar de fora da tributação?**
>
> Alguns propõem incluir a renda de cidadania na base tributável, como todas as rendas primárias. Outros, pelo contrário, acreditam que ela deve ser isenta de toda tributação.
>
> No contexto de um imposto sobre pessoas físicas estritamente individualizado, essa distinção não tem nenhuma importância. Como a renda de cidadania pode ser considerada a primeira parcela da renda de cada um, impor-lhe qualquer tributação resulta, simplesmente, em reduzir o valor para todos. É o mesmo, portanto, que anunciar a princípio um valor mais baixo e isentá-lo de toda tributação direta, como costuma acontecer, por exemplo, com as prestações familiares.
>
> No contexto de um imposto sobre pessoas físicas agregado no nível das famílias, isso só vale se o valor das isenções básicas realmente concedidas em função do tamanho da família cresce proporcionalmente com o número de pessoas (que recebem a renda básica) que a compõem. Se, como costuma acontecer, esta isenção decresce em função do tamanho da família, incluir a renda básica na base tributável em vez de isentá-la de tributação é mais favorável para os solitários e menos favorável para os casais.
>
> Os partidários desse pagamento estritamente individual que é a renda básica de cidadania tendem a defender um individualismo estrito do imposto, o que tornaria sem sentido a distinção entre a tributação e a isenção tributária da renda básica.

Em sua versão original representada pelo EITC (Earned Income Tax Credit) americano, o valor do "crédito tributário" é nulo quando a renda do trabalho é nula, aumenta à medida que esta renda aumenta e torna-se em seguida constante antes de anular-se progressivamente em função da renda global [Bontout, 2000]. Já o valor da Prime pour l'Emploi (PPE) [Abono em favor do Emprego] francês, é nulo até 30% do salário mínimo em horário integral (*salaire minimum à temps plein*, SMIC) e depois aumenta gradualmente até 100% do SMIC, para diminuir em seguida e desaparecer inteiramente em 140% do SMIC. O PPE foi reformado em 2003, num sentido mais favorável ao emprego de meio expediente, com uma majoração do seu valor para as remunerações inferiores ao SMIC [Legendre *et al.*, 2004].

"Crédito tributário" reembolsável ou transferível para trabalhadores de baixa renda

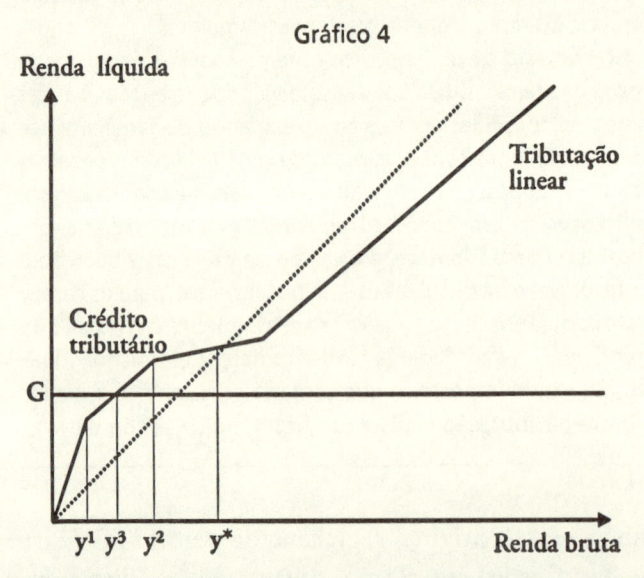

Gráfico 4

Num mecanismo de "crédito tributário" como o *Earned Income Tax Credit*, o valor do crédito pago a um trabalhador cresce de forma linear até um primeiro nível de remuneração (y^1), estabiliza-se em seguida e cai de novo de forma linear a partir de um nível mais elevado (y^2). No caso específico ilustrado pelo gráfico, o imposto (fora o "crédito tributário") é linear e o ponto de equilíbrio que separa os beneficiários líquidos dos contribuintes corresponde ao nível de renda y^*. Num contexto em que preexista uma renda mínima garantida de nível G (cf. gráfico 2), vemos que o "crédito tributário" permite elevar a renda líquida de alguns trabalhadores (aqueles cuja renda bruta excede y^3) abaixo deste nível G.

Enquanto o aumento da renda mais baixa do trabalho provoca uma redução das transferências no âmbito de um mecanismo de imposto negativo ou de renda mínima convencional, ela suscita, por outro lado, uma elevação dessas transferências no âmbito do EITC, do PPE e dos mecanismos análogos existentes em outros lugares. Essa diferença aparentemente profunda entre o imposto negativo e a renda de cidadania, de um lado, e, do outro, os mecanismos de "crédito tributário" variável se anula, contudo, em boa parte, quando estes últimos são implantados num contexto em que já exista um mecanismo convencional de renda mínima, que não se prestam a substituir [Van Parijs *et al.*, 2000]. Nesse contexto, sua adoção pode até ser interpretada como passo importante para a implantação de uma renda básica de cidadania (cf. § IV.3).

5. SEM EXIGÊNCIA DE CONTRAPARTIDA

Desemprego voluntário?

Entre os mecanismos convencionais de renda mínima, a concessão da renda baseia-se também, pelo menos em princípio, numa exigência de contrapartida. Esta costuma tomar a forma da obrigação do beneficiário de estar disponível para trabalhar. O alcance exato dessa obrigação varia sensivelmente entre países e às vezes varia entre uma e outra municipalidade no interior do mesmo país. Pode significar que se fica obrigado a aceitar um "emprego conveniente" caso ele seja proposto; ou que se prove que se está procurando trabalho; ou então que se assine e respeite um contrato de inserção ligado a um trabalho remunerado, uma formação profissional ou qualquer atividade considerada útil.

A renda de cidadania, pelo contrário, é concedida sem esse tipo de condicionalidade. Não se exerce nenhum controle sobre a vontade de inserção dos beneficiários, quer no mercado de trabalho, quer em atividades não remuneradas. Por tal razão, as propostas de renda social paga a todos os membros da sociedade em troca de um serviço social substancial — como a que se encontra, por exemplo, em Bellamy [1888] ou Gorz [1983] — não cabem na definição da renda básica. Do mesmo modo, a renda mínima individual e predeterminada que a liberal Juliet Rhys-Williams [1943] propôs distribuir a todos não constituía — ao contrário do "dividendo social" proposto pelos trabalhistas Cole e Meade — uma verdadeira renda básica, já que seu "novo contrato social" previa a interrupção do pagamento a todos os trabalhadores grevistas.

Obrigação de participação?

Mais próxima da renda básica de cidadania é a "renda de participação", proposta notadamente pelo economista britânico Anthony Atkinson [1996]. A incondicionalidade da renda básica é substituída por uma obrigação de participação social, compreendida num sentido tão amplo que praticamente todos a satisfazem e podem, portanto, gozar de uma renda básica individual e uniforme. Estão em condições de receber o benefício, para Atkinson, não só os trabalhadores assalariados e independentes em tempo integral e em meio expediente, os que procuram emprego e os que são incapazes de trabalhar devido a doença, acidente de trabalho ou invalidez, mas também os que chegaram à idade de se aposentar, os que freqüentam um programa conveniado de estudo ou de formação profissional, os que cuidam de crianças, idosos ou doentes e os que se dedicam a outras formas reconhecidas de trabalho voluntário.

Se o valor da renda de participação for elevado, a criação de mecanismo como esse deveria ser acompanhada da adoção de controles da atividade socialmente útil, que poderiam rapidamente mostrar-se excessivos devido à intrusão na vida privada exigida pelo controle das atividades domésticas, da corrupção do espírito das associações encarregadas de acompanhar os "voluntários" e do custo administrativo agregado ligado a tudo isso. Se o valor é baixo, é possível, sem dúvida, contentar-se com pressupostos ou com provas fáceis de fornecer: ter filhos menores de idade, por exemplo, ou apresentar prova de matrícula num curso ou ainda um atestado que confirme a atividade regular a serviço de alguma associação bastaria para dar acesso ao benefício. A renda de cidadania, portanto, não está muito longe disso (cf. § IV.3).

6. TRÊS DIFERENÇAS FUNDAMENTAIS

À luz do resumo histórico do capítulo I e dos esclarecimentos conceituais deste capítulo II, é útil insistir no que constitui a especificidade da renda básica de cidadania. Em numerosos Estados sociais desenvolvidos, uma parte importante dos benefícios em dinheiro ou *in natura* se insere no sistema de seguridade social. Sistemas desse tipo prevêem que o direito ao benefício é, pelo menos em princípio, uma contrapartida das contribuições obrigatórias pagas pelos trabalhadores. Todos os mecanismos de renda mínima distinguem-se fundamentalmente destas pelo fato de que o pagamento de uma renda não está reservado apenas aos contribuintes ou aos seus dependentes. Com múltiplas variantes, tais mecanismos remetem, em princípio, a dois modelos fundamentais. De um lado, está o modelo da assistência pública aos despossuídos, como articulado pela primeira vez por Mores e Vives e implementado hoje em dia, em um contexto profundamente modificado, pela presença dos mecanismos de seguridade social, através de programas contemporâneos de renda mínima, tais como a RMI francesa (cf. § I.1). Do outro lado, encontra-se o modelo de concessão a todos os membros de uma sociedade de uma parte do seu patrimônio, como formulado pela primeira vez de maneira clara por Paine e Spence e ilustrado de modo limitado pelo dividendo do Fundo Permanente do Alasca (cf. § I.4).

Essa distinção fundamental entre dois modelos de renda mínima garantida que se opõem ao modelo da seguridade permite identificar o que diferencia a renda básica de cidadania, com todas as suas variações, dos mecanismos convencionais de renda mínima: a renda básica é estritamente individual, paga sem relação com a renda dos beneficiários e sem estar ligada a nenhuma exigência de contrapartida. Compreende-se sem dificuldade que o interesse de uma assistência pública eficaz a serviço dos mais pobres assume, no extremo oposto, a forma de um mecanismo constituído por uma tripla condicionalidade — situação familiar, outras fontes de renda, disponibilidade para trabalhar — de modo a melhor focalizar o público-alvo. Compreende-se com a mesma facilidade que a idéia do direito igual de todos a um patrimônio comum toma, naturalmente, a forma de uma renda uniforme atribuída a cada um individualmente e de maneira incondicional. Não é necessário, contudo, associar com demasiada estreiteza objetivos e mecanismos. Veremos, com efeito, que a renda básica universal é defendida tanto como instrumento de maior eficácia na luta contra a pobreza quanto como tradução imediata de princípios de justiça.

Mecanismos de transferência não contributivos

	Renda mínima convencional (RMI etc.)	"Crédito tributário" para salários baixos (PPE etc.)	Imposto de renda negativo	Renda básica universal	Renda de participação
Contribuição anterior?	não	não	não	não	não
Comprovação de renda?	sim	sim	sim	não	não
Individual?	não	não	não	sim	sim
Cumulativo?	não	sim	sim	sim	sim
Exigência de contrapartida?	sim (disposição para trabalhar)	sim (já ter trabalho remunerado)	não	não	sim (atividade reconhecida)

Nota: Este quadro sintético deve ser lido como uma descrição das características típicas de cada um dos principais mecanismos discutidos neste capítulo, mantendo, portanto, o espírito das diversas nuanças aqui explicitadas. Alguns mecanismos convencionais de renda mínima permitem, por exemplo, o acúmulo temporário integral do benefício com a renda do trabalho, caso não ultrapasse determinado valor ("participação"). Se isso for proposto no âmbito de um sistema de imposto de renda estritamente individual, um mecanismo de imposto negativo pode até contemplar o indivíduo, em vez da família como unidade.

CAPÍTULO III Uma idéia justa?

Sabemos, nesse estágio, o que é a renda básica de cidadania e onde surgiu essa idéia. Falta-nos agora percorrer os principais argumentos utilizados para defendê-la e criticá-la. No contexto contemporâneo, a renda básica de cidadania é defendida antes de tudo como instrumento eficaz de luta contra a pobreza ou, mais exatamente, como instrumento de luta conjunta contra a pobreza e contra o desemprego. Mas os argumentos a seu favor não podem, como veremos, inserir-se num registro puramente econômico. Apelam, irremediavelmente, a um conceito de sociedade justa de cuja explicitação os partidários da renda básica — assim como, aliás, os seus adversários — não podem fugir.

1. EFICAZ CONTRA A POBREZA?

Uma medida perdulária?

Comecemos pela pobreza, definida simplesmente em termos de renda. É um truísmo afirmar que a adoção de uma renda básica permitiria, todo o resto mantido constante, reduzi-la. Mas, sendo escassos os recursos, a verdadeira questão é saber se ela permite atingir tal objetivo de forma mais eficaz que os mecanismos convencionais de renda mínima. Ora, à luz desses critérios, todas as aparências são contra ela. Suponhamos uma dada linha de pobreza que defina, para cada tipo de família, o nível de renda que distingue os pobres dos não-pobres. Chamemos de hiato de pobreza (*poverty gap*) a extensão das transferências necessárias para elevar até esta linha a renda das famílias pobres. A eficácia de um programa de luta contra a pobreza (a sua *target efficiency*) é, portanto, medida freqüentemente pela proporção das despesas do programa que permite atenuar esse hiato. Nesse sentido, um mecanismo de garantia de renda ajustado segundo a composição das famílias, distribuído estritamente entre os mais pobres e exigindo deles uma contrapartida, é, segundo todas as evidências, bem mais eficaz que a renda básica universal, que desbarata uma receita fiscal preciosa, distribuindo-a igualmente entre todos, alguns dos quais não têm dela a menor necessidade. Em todo caso, é a conclusão a que chegam muitos, mesmo os observadores mais bem intencionados [Belorgey, 2000].

Para os defensores da renda básica, entretanto, tal constatação se baseia numa visão míope da pobreza e num conceito ingênuo do que constitui o custo de um programa destinado a combatê-la. É verdade que sob determinadas óticas importantes a renda básica universal é mais cara que um mecanismo convencional de renda mínima. Esse custo mais alto não nasce, contudo, do fato de ser paga aos ricos e aos preguiçosos, mas sim da sua natureza estritamente individual e do fato de não penalizar o trabalho dos mais pobres. Ela se justifica sobretudo pelo fato de que tal medida é inspirada pela preocupação de erradicar a pobreza definida de forma estreita e estática e também a exclusão, em sentido bem mais amplo.

Melhor para os pobres, mas não para os ricos?

Para que tais afirmativas sejam inteligíveis, comecemos por um freqüente mal-entendido: não é porque os ricos e os pobres recebem uma renda universal que adotá-la resulta em enriquecer os ricos. Vamos considerar em primeiro lugar o caso em que a renda básica universal vem, simplesmente, somar-se aos programas existentes de impostos e transferências. Os mais ricos, portanto, vão ter de financiar, além daquilo que já financiam, seu próprio benefício e ao mesmo tempo uma parte importante do benefício dos mais pobres. Isso é verdade, quer o perfil do imposto seja progressivo, linear ou regressivo (cf. gráfico 1). Para que a criação de uma renda de cidadania, ademais de todos os programas existentes, se faça em favor dos mais pobres e (aritmeticamente) em detrimento dos mais ricos, basta, com efeito, que em média os mais ricos contribuam mais para o seu financiamento do que os mais pobres *em termos absolutos*.

Na maioria das propostas, entretanto, a renda básica não é simplesmente somada a esses programas. Supõe-se que sua implantação seja acompanhada de uma redução, dependendo do seu valor, das diversas transferências sociais condicionais existentes (e da supressão daquelas cujo valor lhe é inferior). Em resumo, algumas isenções ou deduções de impostos permitidas ao conjunto das famílias sujeitas à tributação, pobres ou ricas, através de mecanismos mais ou menos complexos como o coeficiente familiar, são abolidas. A partir daí, contanto que seu valor permaneça relativamente baixo, a renda básica de cidadania dos mais pobres é financiada em parte pelo ajuste por baixo dos benefícios preexistentes, enquanto a dos mais ricos é financiada em larga escala por uma substituição das vantagens fiscais que hoje recebem integralmente, enquanto os mais pobres só se beneficiam delas de forma muito parcial, isso quando se beneficiam. Todavia, subsiste um custo líquido, já que será preciso financiar a renda básica de cidadania daqueles que atualmente não gozam nem de transferências sociais nem de vantagens fiscais e cobrir uma parte da renda básica daqueles que delas se favorecem marginalmente.

O valor deste custo líquido varia consideravelmente em função da estrutura tributária e dos benefícios sociais do país considerado e, é claro, em função do nível da renda básica de cidadania proposto. Contanto que o tipo de tributação adotado não penalize os pobres mais que os ricos em termos absolutos, o financiamento deste custo líquido (ao qual voltaremos mais adiante) implicará, necessariamente, um conjunto com a criação da renda de cidadania, uma transferência líquida dos mais ricos para os mais pobres, tão mais volumosa quanto mais alto for o valor da renda básica universal.

Custo administrativo mais barato?

Deste prisma, o fato de a renda básica de cidadania ser paga a todos não implica, manifestamente, um custo orçamentário real exorbitante — o valor da renda multiplicado pela população do país —, induzido em boa parte por uma prodigalidade inútil, mas apenas um custo líquido real correspondente a uma fração deste custo aparente. Poderia, contudo, provocar, se comparado a outros programas, um custo administrativo proibitivo somado ao custo líquido da transferência propriamente dita. Com efeito, cobrar da maioria para pagar a todos provoca um vaivém entre contribuintes e poderes públicos que os mecanismos de renda mínima garantida que exigem a comprovação de renda permitem evitar.

> **Um dividendo natural enriquece os ricos?**
>
> Em várias propostas — e no sistema de dividendos que funciona no Alasca —, a renda básica de cidadania é financiada de outra forma que não a tributação (direta ou indireta) da renda da população beneficiária e parece, assim, correto afirmar que o complemento da renda é pago a famílias ricas que não precisam dele.
>
> Tornar o dividendo degressivo em função da renda será, todavia, equivalente, em sua incidência distributiva e em suas possíveis conseqüências econômicas, à manutenção da uniformidade do dividendo ao lado da adoção ou do reforço de um imposto de renda. Se a tributação implícita que representaria a degressividade do dividendo for possível e desejável, a união de um dividendo uniforme e uma tributação explícita em função dos rendimentos também deveria ser. Em conseqüência, mesmo no caso de um financiamento que não se baseia no imposto, uma proposta completa de renda de cidadania, inclusive com suas medidas acessórias, não implica necessariamente um aumento da renda dos mais ricos.

Caso fosse preciso levar fisicamente, toda semana, a todos os domicílios, com toda a segurança, a quantia semanal da renda básica de cidadania, esta diferença seria decisiva. Mas no momento em que a tecnologia da informática torna quase desprezível o custo administrativo de um pagamento regular, a essência das despesas administrativas ligada a um programa de transferências está em outro ponto. No caso de um mecanismo convencional, elas são, antes de mais nada, geradas pela difusão das informações destinadas a garantir que todos os que têm direito ao benefício gozem efetivamente dele e pelos controles destinados a evitar que os que não têm direito se aproveitem dele. Ora, desse ponto de vista, a renda básica de cidadania oferece, segundo seus partidários, mais vantagens que desvantagens.

Diversos estudos que comparam a eficácia dos benefícios universais e dos focalizados na capacidade de atender aos mais pobres põem em evidência a superioridade, nesse aspecto, dos sistemas universais [Atkinson, 1993]. Essa diferença se explica pelo fato de que o acesso a benefícios que não sejam automaticamente concedidos a todos exige um processo que muitos beneficiários potenciais correm o risco de não deflagrar ou de não cumprir até o fim, seja por vergonha, timidez ou ignorância. No caso de um mecanismo convencional de renda mínima garantida — e, com mais razão, no caso de um mecanismo mais complexo de manutenção de renda com base numa multiplicidade de categorias —, a campanha de divulgação e sensibilização necessária para atingir, entre os beneficiários líquidos, a mesma taxa de utilização (*take-up rate*) do mecanismo universal correspondente pode, assim, representar um custo humano e administrativo considerável. Em se tratando de uma renda básica de cidadania, o pagamento automático do benefício não exige nenhum processo administrativo específico. Além disso, não há nada humilhante em receber uma renda básica concedida a todos os membros da sociedade. A simplificação produzida pela medida, assim com o caráter regular e universal do seu funcionamento, devem, portanto, permitir que a taxa de não-utilização tenda a zero com um custo de divulgação baixíssimo.

Por outro lado, ao custo de divulgação dos mecanismos convencionais vem somar-se o custo administrativo induzido pelo controle confiável dos critérios de elegibilidade para o pagamento do benefício, quer se trate de rendas de outras fontes, da situação da família ou da disposição para trabalhar. Este custo é desprezível quando os beneficiários do sistema se reduzem a uma minoria ínfima de famílias necessitadas. Mas pode rapidamente tornar-se proibitivo à medida que aumenta o número dos que têm direito ao benefício sujeito à comprovação de renda, seja devido à grande concentração da população no setor de renda baixíssima, seja devido a um ponto de equilíbrio (*break even point*) situado sensivelmente aquém do nível mínimo garantido (cf. as fórmulas de imposto negativo, gráfico 3).

Nas condições tecnológicas de que até agora dispomos, não há dúvida, portanto, que em todos os níveis dados de redução da pobreza monetária um mecanismo de renda básica de cidadania terá administração mais barata do que um mecanismo análogo de renda convencional. Seria demais, entretanto, afirmar, como fazem às vezes os defensores da proposta, que a instauração de uma renda de cidadania equivaleria à adoção de um sistema de proteção social que não exija nenhuma burocracia. Enquanto permanecer em nível modesto, a renda básica pode, com certeza, provocar uma simplificação notável da fiscalização da renda e a supressão de numerosos benefícios sociais de valor igual ou inferior, mas terá de continuar a ser completada, para uma parte das pessoas atualmente amparadas, por formas convencionais de assistência e, claro, por sistemas de seguridade social que, devidamente recalibrados, conservam toda a sua razão de ser.

É mais barato não exigir contrapartida?

Longe de ser um método grosseiro de luta contra a pobreza, prodigalizando com profusão mal distribuída preciosos recursos fiscais, a renda básica de cidadania surge, portanto, como mecanismo que permite, com mais segurança que os programas convencionais de renda mínima e com um custo administrativo mínimo, atender a todas as pessoas pobres. Tal comparação, contudo, se baseia apenas numa das características específicas da renda de cidadania, o fato de ser paga sem comprovação de renda. O fato de ser igualmente paga sem nenhuma exigência de contrapartida não a tornaria, nem por isso, mais cara que os mecanismos sujeitos a condicionalidades que podem contar com a volta ao trabalho daqueles que, não fosse assim, prefeririam a ociosidade? Aqui também é preciso ter cuidado para não se deixar levar por aparências frágeis.

Suponhamos, a princípio, que a obrigação de contrapartida seja concebida como a obrigação de aceitar o emprego livremente oferecido por um empregador público ou privado. Se o trabalhador e o emprego são tais que, não fosse esta obrigação, o trabalhador não teria vontade de aceitar o emprego nem desejo de mantê-lo, é pouco provável que a produtividade que o seu empregador possa esperar dele seja suficiente para que queira empregá-lo ou mantê-lo. O trabalhador em questão, portanto, voltará a ser desempregado involuntário e terá direito à renda mínima condicional. Com relação à fórmula incondicional, a economia realizada é nula e até negativa se o empregador e o trabalhador desperdiçaram tempo e energia nas operações de contratação e demissão.

Ao mesmo tempo, pode-se também imaginar um cenário

mais rígido que associe a obrigação de estar disposto a trabalhar à obrigação do poder público de funcionar como "empregador em última instância", caso nenhum outro empregador privado ou público se disponha a oferecer uma vaga. Em um cenário assim, o Estado fornece aos menos aptos e aos mais recalcitrantes um emprego suficientemente pouco atraente para não desregular o mercado de trabalho normal. Mais ainda que na hipótese menos restritiva, este trabalho forçado das pessoas com menor grau de empregabilidade, seja por inaptidão ou por desmotivação, tem toda probabilidade de resultar em produtividade líquida negativa, levando em conta o custo do equipamento, da formação, da fiscalização e dos litígios. Além dos preconceitos produzidos a longo prazo quanto à moralidade dos recrutados e à imagem do setor público, o custo líquido desse regime de *workfare* poderia aproximar-se do custo de encarceramento de um verdadeiro preso, de qualquer modo bem acima do que seria causado pelo pagamento incondicional de um patamar de renda. Como muitos de seus detratores [Handler, 2004], os defensores mais lúcidos do *workfare* não se enganam aqui sobre o resto [Kaus, 1992]: obrigar os beneficiários da renda mínima garantida a trabalhar custa caro. Se tal obrigação se justifica, pode ser por razões morais (cf. § III.3), e não pela necessidade de redução dos custos.

O custo incontornável da individualização

Das considerações até aqui formuladas, resulta que, uma vez superadas as falsas evidências do custo orçamentário aparente, um sistema que atribua uma renda mínima a todos, até aos ricos e aos preguiçosos, poderia ainda assim mostrar-se mais barato em termos líquidos — com a mesma eficácia na luta contra a pobreza — que um sistema que exija comprovação de renda e as contrapartidas.

Mas a renda básica universal não é somente incondicional nessas duas dimensões. É também estritamente individual (cf. § II.3). Um benefício independente da composição da família tem a vantagem de eliminar o custo administrativo e a invasão de privacidade provocados pelas visitas domiciliares e outras formas de controle da condição de unipessoal ou de coabitante. Melhora a situação dos cônjuges mais vulneráveis conferindo-lhes, seja qual for a renda global da família, uma renda própria garantida sem descontinuidade em caso de separação. Ao não penalizar aqueles que decidem coabitar retirando parte da renda de cidadania, incentiva, além disso, a vida em comum, uma das condições favoráveis na luta contra a precariedade.

Essas vantagens são inegáveis. Mas têm um custo. Na sua preocupação de atacar o mais eficazmente possível a pobreza, é bem verdade que os mecanismos convencionais de renda mínima costumam levar em conta as economias de escala que a residência em comum permite e concedem, portanto, um benefício minorado aos que coabitam sem que o desempenho, pelo menos imediato, em termos de indicadores de pobreza seja afetado. Ao passar abruptamente de um mecanismo desses para uma renda básica de cidadania estritamente individual, deparamo-nos imediatamente com o seguinte dilema: se o valor da renda básica é fixado no nível anteriormente concedido aos indivíduos sozinhos, os contribuintes e principalmente as famílias unipessoais terão de suportar um sobrecusto considerável — real dessa vez, tanto em termos da alíquota marginal quanto em termos da renda disponível.

Se, pelo contrário, este sobrecusto considerável é evitado, o nível da renda de cidadania tem de ser inferior ao nível de renda que os mecanismos sujeitos a condicionalidades concedem aos indivíduos sozinhos sem outra fonte de renda, o que só faz agravar a pobreza. Existem meios para aliviar ou contornar esse dilema procedendo por etapas (cf. § IV.3). Mas é importante reconhecer sua existência.

O custo inerente à possibilidade de acumular

Ao lado do seu caráter individual, há outra característica naturalmente associada à renda básica de cidadania que é suscetível, num sentido importante, de torná-la mais cara que um mecanismo convencional que garanta a mesma renda mínima. Esta característica é a possibilidade de acumular a renda de cidadania com rendimentos baixos. Comum também ao imposto negativo, ela não figura, estritamente falando, na definição da renda básica de cidadania, mas deriva do seu caráter universal considerando-se a hipótese aceitável de que nenhum sistema fiscal pode tributar explicitamente uma renda em 100% (cf. § II.4).

Em relação aos mecanismos convencionais que envolvem uma alíquota marginal efetiva de 100% sobre os rendimentos mais baixos, a renda de cidadania e o imposto negativo têm em comum o fato de reduzirem bastante esta alíquota. A menos que se reduza ao mesmo tempo o nível de renda mínima garantida (G, nos gráficos 1 a 3), decorre daí, logicamente, um acréscimo do nível de renda a partir do qual as famílias deixam de ser beneficiárias líquidas do sistema para se tornarem contribuintes líquidas — o ponto de equilíbrio se desloca de y^+ para y^* — e, também, um aumento da alíquota marginal para os contribuintes cuja renda bruta exceda a renda mínima garantida — e, portanto, situados além do antigo ponto de equilíbrio y^+. É claro que esta alíquota marginal mais elevada não implica, necessariamente, uma renda menor. Todas as famílias cuja renda se situa entre o ponto de equilíbrio antigo e o novo (y^+ e y^*) vêem ao mesmo tempo a sua renda líquida crescer e a sua alíquota marginal aumentar (cf. gráficos 1 e 2). Os principais beneficiários da reforma podem, assim, ser aqueles cuja alíquota marginal sofre o maior aumento.

Em termos de custo econômico, a diferença entre a renda básica de cidadania e os mecanismos convencionais é bem mais importante que a diferença mais diretamente visível do custo orçamentário associado às duas medidas. Pode-se supor, com efeito, que a propensão a oferecer sua força de trabalho ou declarar a sua atividade, a trabalhar mais intensamente, a complementar a sua formação ou a aceitar uma mudança para obter uma promoção é afetada negativamente por uma alíquota marginal mais elevada. Como no caso da individualização, há aqui um custo incontornável interpretado por economistas como uma séria desvantagem da proposta [Bovenberg e van der Ploeg, 1995; Krause-Junk, 1996] e que pode, de qualquer modo, causar dúvidas sobre a pretensão de a renda de cidadania ser um meio economicamente eficiente de lutar contra a pobreza. Ainda que existam meios de dirimir essa dificuldade (cf. § IV.3), é importante, mais uma vez, admiti-la. Mas importa sobretudo ver aí a correlação direta do fato de que a renda de cidadania, ao contrário dos mecanismos convencionais de renda mínima, tem a ambição de atacar simultaneamente o problema da pobreza e do desemprego.

2. EFICAZ CONTRA O DESEMPREGO?

Alternativa ao pleno emprego ou estratégia para atingi-lo?

Às vezes a renda básica de cidadania é apresentada como alternativa ao pleno emprego [cf. Theobald, 1967; Gorz, 1997; Offe, 1992, 1996; Ferry, 1995; Bresson, 1999]. Já que o aumento inexorável da produtividade provoca, inelutavelmente, a rarefação do trabalho remunerado, uma renda incondicional decente pode ser proposta como compensação justa para a porção crescente da população que não consegue, e jamais conseguirá, encontrar emprego e como reconhecimento da legitimidade de uma gama maior de atividades. A ausência da obrigação de se dispor a aceitar um emprego é aqui essencial, enquanto a possibilidade de acumulação com a renda profissional, não, já que o acesso ao mundo do trabalho não constitui mais uma prioridade.

Para muitos outros defensores da renda básica de cidadania e de medidas semelhantes, ela não constitui uma alternativa ao direito ao trabalho, mas sim, ainda mais, uma contribuição essencial para a sua concretização nas atuais circunstâncias [Tobin *et al.*, 1967; Meade, 1988; Scharpf, 1993; Mitschke, 1997]. Para atingir tal objetivo, é exatamente a acumulação com outros rendimentos que é essencial. Com efeito, ao concentrar-se sobre as pessoas sem emprego ou complementando-lhes o rendimento do trabalho até um determinado nível, os mecanismos convencionais contribuem de fato para reduzir a pobreza, mas também para criar uma verdadeira armadilha do desemprego, pois penaliza duramente quem consegue encontrar trabalho. Os ganhos obtidos com um trabalho mal remunerado são anulados, na verdade mais que anulados, pela redução correspondente ou pela retirada da renda de substituição. É por essa razão que o Estado-Providência tradicional pode ser qualificado legitimamente de "passivo": não só concentra os benefícios nos "inativos" como contribui também para mantê-los na inatividade.

Eliminar a armadilha do desemprego?

A adoção da renda básica de cidadania — assim como do imposto negativo (cf. os gráficos 1 e 3) — visa, pelo contrário, a favorecer a instauração de um Estado social "ativo" (cf. § IV.2), não pelo reforço das condicionalidades dos mecanismos convencionais — o *workfare* —, mas garantindo que uma ocupação, ainda que mal remunerada, possa melhorar a renda líquida em relação a uma situação de inatividade. Já que a integralidade da renda de cidadania pode ser conservada quer se trabalhe, quer não, a situação financeira melhora necessariamente com o acesso ao mercado de trabalho: o trabalho "paga" e, à medida que a renda de cidadania substitui o benefício sujeito a condicionalidades, a armadilha financeira da dependência, do desemprego, da exclusão é eliminada.

> **Por que se cai na armadilha**
>
> Com o passar do tempo e de uma maneira que pode ter sido mascarada pelas flutuações cíclicas, a proporção de membros da população ativa cuja renda primária potencial líquida é inferior à garantia de renda não parou de aumentar e continua aumentando. Por quê? As causas são múltiplas, mas uma delas parece decisiva [Wood, 1994].
> Se a liberalização das trocas contribui para um crescimento global do Produto Nacional Bruto (PNB) dos países que co-

> merciam juntos, o seu impacto é fortemente diferenciado. Os que detêm os fatores mais raros (capital, qualificação) vêem a sua renda aumentar mais ainda graças à expansão do seu mercado e os que detêm os fatores menos preciosos (trabalho pouco qualificado) são levados a concorrer, por produtos interpostos, com trabalhadores mais mal remunerados.
>
> O resultado desse fenômeno — ao qual vêm se somar outros processos, parcialmente independentes, ligados, por exemplo, ao progresso tecnológico, à participação crescente das mulheres no mercado de trabalho e à privatização de grandes empresas públicas — é que, depois da década de 1960, a quase duplicação da renda primária *per capita* pode acontecer, pelo menos na Europa ocidental, ao lado do aumento global do desemprego involuntário em sentido amplo, ou seja, a redução da proporção de membros da população ativa capazes de obter uma renda primária pelo menos igual (depois do desconto de tributos e contribuições) aos benefícios concedidos pelo Estado social.

Essa preocupação de criar incentivos adequados à iniciativa dos beneficiários da renda mínima não vem necessariamente da suposição de que o desemprego é "voluntário" e que o desempregado é, portanto, responsável por isso. Por um lado, é de fato difícil qualificar de "voluntário" o desemprego daqueles que, dados o custo e o risco induzidos pelos empregos a eles acessíveis, não podem sensatamente permitir-se trabalhar. Por outro lado, o próprio fato de os empregos mal remunerados não trazerem nenhum aumento de renda para quem os ocupa os torna muito pouco promissores, em termos da produtividade esperada, para que as empresas se dêem ao trabalho de oferecê-los, até mesmo em situações nas quais não há nenhuma obrigatoriedade de aplicação do salário mínimo para impedi-las.

Subvenção ao emprego mal remunerado?

No quadro do combate ao desemprego, pode-se portanto entender a renda básica de cidadania como uma técnica de "desarmamento", ou seja, de eliminar ou reduzir o risco da armadilha da exclusão. Mas pode-se igualmente concebê-la como modalidade de subvenção ao trabalho relativamente pouco produtivo. É claro que existem maneiras mais diretas de subvencioná-lo, como, por exemplo, a redução das contribuições com fins sociais nos empregos menos remunerados ou uma subvenção ao salário horário inferior a determinado patamar [Phelps, 1997]. O mecanismo desse tipo mais popular hoje em dia — e também o mais próximo da renda de cidadania — é o "crédito tributário", transferência feita aos trabalhadores de baixos salários, como o EITC norte-americano e, na França, o PPE, abono pelo emprego (cf. § II.4). À primeira vista, este é o pólo oposto de uma renda incondicional. Mas, quando se cria um mecanismo desse tipo num contexto em que existe uma renda mínima garantida convencional, seu impacto sobre a distribuição líquida dos rendimentos e, portanto, sobre a estrutura dos incentivos pode ser bem próximo daquele de uma renda de cidadania modesta, de nível inferior ao da renda mínima garantida (cf. § II.4).

Tal como o imposto negativo, a renda básica de cidadania pode, portanto, ser concebida como um modo de responsabilizar a coletividade por uma parte da remuneração dos trabalhadores mais mal pagos. Para os que a propõem com essa finalidade, a evolução tecnológica e a globalização não têm como conseqüência inevitável privar de emprego os trabalhadores menos qualificados. Elas só produzem tal efeito num contexto institucional em que só são rentáveis

UMA IDÉIA JUSTA?

os empregos produtivos o bastante para oferecer aos que os ocupam um nível de vida minimamente decente e aos seus empregadores algum lucro. Mas isso deixa de ser inevitável se as instituições voltarem-se para subvencionar de forma estrutural a atividade mal remunerada e não apenas a inatividade forçada. É o que fazem, cada um a seu modo, a renda básica de cidadania, o imposto negativo e os mecanismos do tipo do EITC americano.

> **A renda básica de cidadania e o salário mínimo**
>
> A implantação de uma renda básica de cidadania não deve ser necessariamente acompanhada da supressão da política de salário mínimo, como temem alguns [Clerc, 2003]? Qualquer patamar de renda de cidadania sensivelmente inferior ao salário mínimo (cf. § II.1), não leva forçosamente à supressão deste como corolário da adoção daquela. Em princípio, não haveria nada de escandaloso em diminuir do salário mínimo líquido o valor da renda de cidadania. A situação financeira das famílias em que todos os membros adultos trabalham em tempo integral não mudaria e a das outras, melhoraria. Isso permitiria, em princípio, tornar viáveis empregos mal remunerados, inviáveis hoje em dia, à condição de se constituírem em um chamariz suficientemente atrativo.
>
> No caso de financiamento pelo imposto de renda ou de consumo, não há, todavia, nenhuma ilusão a alimentar nesse sentido. Decerto é legítimo descontar do salário mínimo *líquido* o valor da renda de cidadania, mas dado o aumento da tributação explícita das primeiras faixas de renda, complemento natural da implantação de uma renda de cidadania, isso não dará uma margem de manobra considerável para a redução do salário bruto e, portanto, do custo para o empregador de um trabalhador em tempo integral.

> Daí não se conclui que, nesse caso, não se possa esperar da renda básica de cidadania algum impacto maior sobre a procura de trabalho, mas sim que este impacto tomará, em essência, a forma do desenvolvimento de ocupações melhores em meio expediente e que, portanto, estas não vão mais depender da possibilidade de reduzir e, menos ainda, de abolir o salário mínimo.

Técnica suave de partilha do trabalho?

Como estratégia contra o desemprego, a renda básica de cidadania pode ainda ser concebida, em terceiro lugar, como técnica flexível de divisão da jornada de trabalho. Quando não há trabalho suficiente para todos, é tentador reduzir a duração da jornada dos que estão empregados em tempo (mais que) integral para redistribuí-la entre os que estão privados de emprego. No entanto, para que ninguém confunda economia com aritmética, trata-se aqui de uma operação bem mais problemática do que parece, ainda mais se posta em prática com cobertura suficiente para impedir que seja iníqua e com escopo suficiente para permitir que tenha um impacto verdadeiro.

A técnica mais suave representada pela renda de cidadania consiste em diminuir o custo para o trabalhador de uma redução voluntária da jornada e tornar economicamente viáveis atividades de meio expediente que hoje não são rentáveis porque sua remuneração líquida é inferior ao nível da renda mínima garantida, onde ela existe. Em relação às fórmulas mais autoritárias de redução geral da jornada máxima de trabalho, ela apresenta, notadamente, a vantagem de não reduzir substantivamente os serviços que podemos esperar de

UMA IDÉIA JUSTA?

talentos preciosos ou de formações adquiridas com grande esforço em momentos da vida em que os que os possuem se dispõem a prestá-los.

Um alicerce em vez de uma rede de segurança?

Essas três maneiras de apresentar o impacto da renda básica de cidadania sobre o desemprego descrevem as vantagens que têm em comum com o imposto negativo (cf. § II.4). Cada uma dessas facetas nasce da possibilidade de acumular a renda de cidadania ou o "crédito tributário" uniforme com os rendimentos de outras fontes. Há, entretanto, uma quarta faceta que é própria da renda básica de cidadania: o fato de dispensar todos os controles para comprovação de renda.

Diversos estudos empíricos [Delvaux e Cappi, 1990; Jordan *et al.*, 1992] deixaram claro que tanto a incerteza ligada à perda da condição de beneficiário quanto o diferencial de renda entre a situação de beneficiário e a de trabalhador mantêm os beneficiários dos mecanismos convencionais de transferência de renda na armadilha da inatividade. O acesso dos mais desfavorecidos ao trabalho remunerado, com efeito, é dificultado pela própria natureza dos empregos menos qualificados: contratos precários, empregadores nem sempre conscienciosos, remuneração incerta. Nesse contexto, pode ser arriscado renunciar a um benefício de assistência sujeito a condicionalidades quando o ganho esperado com o retorno à atividade é imprevisível. O medo de não estar à altura, de perder rapidamente o emprego e, em seguida, de se expor às incertezas dos complexos processos administrativos necessários para voltar a ter direito ao benefício podem provocar o recuo indefinido para a inatividade. Mesmo quando a probabilidade é relativamente pequena, a simples possibilidade de deflagração de uma espiral de endividamento pode ser percebida como enorme ameaça por pessoas mal preparadas para conhecer, decodificar e, com mais razão, invocar regras em geral incompreensíveis.

Paga automaticamente a todos, seja qual for a sua situação familiar e os seus recursos, a renda básica de cidadania tem, neste aspecto, a grande vantagem de fornecer àqueles cuja situação profissional seja precária um alicerce sólido sobre o qual se apoiar. Todos ficam assegurados, aconteça o que acontecer, de que vão gozar do direito à renda mínima, quer como complemento do salário, quer como único recurso para garantir a subsistência. Mesmo quando correspondem a um perfil idêntico de renda líquida, a renda básica de cidadania e o imposto negativo não são, portanto, equivalentes como meio de luta contra o desemprego. É um aspecto ao qual os trabalhadores sociais tendem a ser mais sensíveis que os economistas, que muitas vezes só têm olhos para a abstração de um conjunto orçamentário (comum à renda de cidadania e ao imposto negativo) no qual o trabalhador racional arbitra de forma soberana o seu nível de consumo e o seu volume de lazer.

3. INSTRUMENTO ÓTIMO?

Vencer a pobreza maximizando o emprego?

A seção anterior mostrou por que a renda básica de cidadania, ao contrário dos mecanismos convencionais de renda mínima, pode pretender atacar o desemprego ao mesmo tempo que a pobreza. Mas o que nos autoriza a concluir que consti-

UMA IDÉIA JUSTA?

tui o mecanismo ótimo contra a pobreza, aquele que devemos eleger? Não se pode responder a essa pergunta sem apelar, explícita ou implicitamente, para um princípio de avaliação global que dá importância tanto à redução do desemprego quanto à redução da pobreza.

Pode-se, por exemplo, imaginar um princípio que exija que se garanta a todos um consumo mínimo, maximizando ao mesmo tempo o volume do emprego em razão da importância intrínseca da atividade remunerada. Se for esse o critério, a renda de cidadania, embora mais favorável ao emprego que os mecanismos convencionais de renda mínima, não teria muita possibilidade de surgir como solução ótima. Uma combinação de renda mínima condicional e subvenções maciças ao trabalho mal remunerado — sob a forma, por exemplo, de um subsídio pago aos empregadores em função do número de trabalhadores em tempo integral remunerados com um salário por hora abaixo de determinado nível [Phelps, 1997] — constituiria um conjunto bem mais eficaz desse ponto de vista.

Renda básica de cidadania e biscates

Entre os empregos menos produtivos em termos econômicos imediatos e, portanto, mal remunerados, como fazer a distinção entre os que são convenientes e os que não são? Nem o legislador nem os burocratas, mas sim os próprios trabalhadores são os únicos capazes de avaliar os inumeráveis aspectos da atividade que exercem ou visam a exercer. Se têm quase sempre a capacidade cognitiva de distinguir entre emprego conveniente e emprego inaceitável, nem sempre têm o poder de recusar este último, em especial quando têm pouca qualificação ou quando a defesa coletiva se enfraquece.

> Embora a ausência de comprovação de renda e a possibilidade de acumular a renda a ela associada permitam à renda de cidadania dar acesso a empregos mal remunerados, é a ausência de exigência de contrapartida que confere aos mais pobres o poder de negociação que lhes permite recusar empregos sem futuro. Em outros termos, a universalidade da renda de cidadania faz dela um subsídio ao emprego pouco produtivo, embora sua incondicionalidade impeça que sirva de subvenção aos empregos degradantes. A primeira característica é essencial para impedir que se abra a armadilha da exclusão; a segunda, para impedir que se crie uma armadilha de inclusão.

A renda de cidadania permite, é verdade, a possibilidade de oferecer e aceitar empregos mal remunerados, mas estes não encontrarão candidatos se não forem suficientemente agradáveis, enriquecedores, formadores ou suscetíveis de abrir, por outras vias, possibilidades de carreira, se forem repulsivos, degradantes, sem perspectiva. A renda básica de cidadania favorece o emprego, mas não em qualquer circunstância, e portanto não poderia justificar-se com base num princípio de maximização do nível de ocupação (cf. o quadro).

Vencer a pobreza maximizando o PNB?

Para os defensores da renda de cidadania, tal conclusão não tem nada de grave, na medida em que seria bem difícil defender que o maior nível de ocupação é um bem em si mesmo. Mas falta-lhes, então, propor uma outra base de justificativa. Uma argumentação concebível poderia visar a mostrar que, *vis-à-vis* outros mecanismos, a renda de cidadania constitui o instrumento mais barato, no sentido economicamente mais pertinente, para obter um determinado nível de redução da pobreza. Se o impacto sobre o desemprego é pertinente, desse ponto de vista, não é em razão da sua importância intrínseca, mas como um dos fatores que determinam o custo econômico real, a curto e longo prazos, das diversas medidas vislumbradas.

Ora, em comparação com os mecanismos convencionais, a renda básica de cidadania pode pretender reduzir de forma razoável o nível de desemprego. Dispõe, assim, de uma vantagem para contrapor à importante objeção citada anteriormente (cf. § III. 1) de que as alíquotas marginais mais elevadas às quais submete a maioria dos trabalhadores podem pesar muito sobre a economia. Esse efeito positivo permanecerá baixo caso se limite a pôr para trabalhar pessoas relativamente pouco produtivas em termos imediatos. Mas ela inclui também a manutenção e o desenvolvimento do capital humano destes trabalhadores, que, não fosse assim, seriam presas fáceis da armadilha da exclusão pelo efeito conjunto e pelo reforço mútuo da degenerescência do seu *know-how* produtivo e da reorientação das suas aspirações.

A esse primeiro impacto positivo da renda de cidadania sobre o capital humano soma-se um segundo, ligado ao fato de que, se ela age contra o desemprego, é também por seu efeito sobre a divisão do trabalho. Este segundo efeito reside no vaivém mais fluido que um patamar de renda permite instaurar, ao longo da vida, entre as esferas do trabalho remunerado, das atividades familiares e da formação. Ao tornar mais fácil para todos reduzir ou interromper as atividades profissionais para atender às obrigações familiares, adquirir uma formação complementar ou mudar de profissão, reduz o risco da existência de uma mão-de-obra qualificada irreparavelmente desgastada ou obsoleta bem antes da idade da aposentadoria. Um mercado de trabalho mais flexível e acessível pode, então, mostrar-se sensivelmente mais produtivo quanto à formação de capital humano e à sua longevidade do que se estivesse submetido a uma compartimentalização mais rígida entre estatutos distintos.

Tal impacto positivo não se restringe apenas ao capital humano da geração atualmente ativa, mas também ao de seus filhos. Como no caso de outras formas de manutenção da renda das famílias, pode-se esperar que a renda de cidadania tenha um impacto benéfico sobre a saúde e a escolaridade das crianças. Mas duas considerações específicas somam-se a essa. Por um lado, ao eliminar a armadilha da exclusão, a renda básica de cidadania é suscetível de revincular à experiência do mundo do trabalho as famílias que se isolaram totalmente dela. Por outro lado, ao sustentar um vaivém mais fluido entre a vida profissional e a vida familiar, facilita uma disponibilidade maior dos pais nos momentos em que houver necessidade de voltar ao lar ou ao mercado de trabalho.

Esses efeitos diversos de curto e longo prazos sobre o capital humano da sociedade em questão são potencialmente significativos e suscetíveis de reduzir o custo econômico da adoção de uma renda de cidadania e, na verdade, de transformá-lo em ganho líquido. Tais efeitos são essenciais para se compreender que se possa defender a medida como ingrediente básico de um "novo contrato social", levando, por sua vez, a um aumento da segurança e da flexibilidade, com o qual todas as partes sairiam ganhando [Standing, 1986, 1999; Van Parijs, 1990]. Mas é bem audacioso quem pretenda afirmar categoricamente, com base nisso, que a renda de cidadania constitui, *vis-à-vis* os demais mecanismos, o modo mais barato de luta contra a pobreza, ou seja, aquele ao qual se associa o impacto negativo mais fraco sobre o produto nacional bruto e até mesmo o impacto positivo mais elevado. Em essência, mesmo supondo que se possa fazer tal afirmação, por que se deveria transformar o crescimento máximo do consumo global — com a única restrição da obtenção por todos de um patamar de pobreza monetária determinado de modo mais ou menos arbitrário — em objetivo último pelo qual todos os mecanismos vislumbráveis deveriam ser medidos?

A renda básica de cidadania como mal necessário

Em resposta a esta última interpelação, é claro que se pode passar, como faz a teoria da tributação ótima [Mirrlees, 1971; Jacquet, 2003], da maximização do PNB à maximização do bem-estar. Mas tal justificativa da renda de cidadania continuará presa a hipóteses factuais bastante incertas e, sobretudo, não disporá de nenhum recurso para refutar a mais freqüente e temível objeção de princípios com a proposição "É injusto que aqueles capazes de trabalhar vivam do trabalho dos outros" [Elster, 1986, p. 719].

Para chegar a uma verdadeira justificativa da renda de cidadania — ou para lhe contestar a possibilidade —, é, portanto, necessário introduzir de imediato um conceito explícito e coerente de justiça que atribua um papel central à dimensão distributiva. É o que fazem notadamente os defensores "pragmáticos" da renda de cidadania [Barry, 1994, 1996; White, 1996, 2003], partindo de um conceito de justiça que nega todo direito a uma renda a quem prefere não trabalhar, reconhecendo tratar-se de um mal necessário. Três exemplos:

1. A obrigação de trabalhar só é admissível em caso de instauração do verdadeiro direito ao trabalho. Ora, o custo líquido de aplicar tal princípio pode ser tamanho (cf. § III.1) que valha mais a pena para todos, trabalhadores e não trabalhadores, adotar uma renda incondicional modesta. A condicionalidade seria mais justa, mas a incondicionalidade constitui, em relação a ela, o que os economistas chamam de ótimo de Pareto: alguns ficarão melhor e ninguém ficará pior.

2. A inaptidão para trabalhar muitas vezes depende menos da incapacidade física ou mental que da incapacidade psicológica. Nem sempre é fácil distingui-la da ausência de vontade de trabalhar. Em um regime de informações assimétricas, tentar restringir a justiça ao máximo pode fazer mais mal do que bem. Para evitar que se penalizem injustamente os doentes que correm o risco de ser tomados por preguiçosos por engano, uma renda incondicional modesta pode novamente justificar-se como o remédio menos pior.

3. Efetuada no seio da esfera familiar, uma parte importantíssima do trabalho, o trabalho doméstico, não é remunerada. Com certeza é possível conceber uma forma de remuneração direta deste trabalho [Leipert e Opielka, 1999; Krebs, 2000]. Mas tal "salário familiar" levanta objeções graves: aprofunda a armadilha do lar, reforça a divisão sexual dos papéis domésticos, exige o controle do trabalho doméstico a partir daí remunerado pelo poder público. Levando em conta essas objeções, a renda de cidadania surge novamente como a solução menos pior. É verdade que certo número de pessoas que não desejam trabalhar no mercado, receberão assim uma renda superior ao que valeria, segundo a concepção de justiça como proporção entre trabalho e renda, o pouco trabalho doméstico que realizam.

Mas para muitos outros a renda modesta que lhes é outorgada por direito permite reduzir sensivelmente a sub-remuneração da sua atividade. Nesse enfoque pragmático, o nível ótimo de renda de cidadania é atingido quando o aumento da injustiça da sobre-remuneração dos preguiçosos passa a ultrapassar a redução da injustiça da sub-remuneração daqueles e, hoje em dia, sobretudo daquelas que cuidam gratuitamente de filhos, idosos ou deficientes.

> **Renda básica de cidadania e feminismo**
>
> Em relação aos homens, as mulheres sairiam ganhando maciçamente com a adoção de uma renda básica, tanto em termos de renda quanto em termos de opção de vida.
> De fato, como a taxa de participação das mulheres no mercado de trabalho e o seu salário-hora médio são inferiores aos dos homens, qualquer financiamento por um benefício direto ou indireto sobre a renda só pode beneficiá-las. Além disso, em numerosas hipóteses a reforma do imposto sobre pessoas físicas, acoplada à adoção de uma renda de cidadania, provoca a transformação das deduções tributárias das quais hoje se beneficiam, em muitos regimes fiscais, os casais com esposas que não trabalham, em um abono pago diretamente às mulheres.
> Além desse impacto direto sobre a renda, a facilitação do trabalho em meio expediente e da interrupção da carreira cria possibilidades às quais, em média, as mulheres têm mais probabilidade de recorrer que os homens. Assim, não é de espantar que a renda de cidadania seja regularmente defendida sob o ponto de vista explicitamente feminista [Miller, 1988; Saraceno, 1989; Morini, 1999; McKay, 2000, 2001; Alstott, 2001; Robeyns, 2001a].
> Mas são exatamente essas novas possibilidades e o fato de que as mulheres, pelo menos de imediato, farão delas um uso

> mais amplo que os homens que, por outro lado, provocam temores e reticências. Será que elas não viriam a reduzir a sua pressão em favor de medidas que visem a igualar a situação das mulheres à dos homens no mercado de trabalho? Não serão tais possibilidades utilizadas de forma míope por mulheres que subestimem a importância, para a sua segurança futura, de uma inserção profissional sólida? O fato de que, em média, as mulheres venham a servir-se delas mais que os homens não reforçaria a discriminação estatística de gênero, com os empregadores vendo-as, mais ainda que no passado, como menos suscetíveis que os homens de ocupar de forma prolongada uma função em tempo integral [Eydoux e Silvera, 2000; Robeyns, 2001b]?

4. IMPERATIVO DE JUSTIÇA?

A propriedade comum da terra

Indiscutivelmente, alguns se converteram à renda básica de cidadania por razões contingenciais, a partir de considerações pragmáticas desse tipo. Mas para muitos outros a renda de cidadania é bem mais que um mal necessário. É o caso, como vimos (cf. § I.2), de Paine [1796], Spence [1797] e Charlier [1848], para quem uma dotação incondicional constituiria uma maneira de traduzir o direito de todos a uma parte igual do valor da terra. Tal intuição encontrou expressão rigorosa numa corrente dita "de esquerda" no seio da filosofia libertária norte-americana.

Para os libertários, todo indivíduo adulto goza do direito absoluto de dispor livremente de sua pessoa e dos bens que adquiriu de forma legítima. Em conseqüência, submeter a uma dedução obrigatória uma parte do fruto do trabalho que alguém obtém com a ajuda de meios de produção dos quais é legítimo proprietário é comparável a um inaceitável trabalho forçado. À primeira vista, tal abordagem tem poucas chances de justificar facilmente a redistribuição maciça provocada por uma renda de cidadania. Isso, contudo, seria esquecer que todos os meios de produção têm a sua origem primária nos recursos naturais que, a princípio, não eram de propriedade de ninguém.

Uma questão fundamental, portanto, é saber segundo que regras esses recursos naturais podem ser apropriados. Os libertários "de direita" invocam o princípio "primeiro a chegar, primeiro a servir-se", às vezes aposto à margem de uma cláusula dita "lockiana" que exige que a pessoa não se encontre em situação pior do que estaria na ausência de toda apropriação privada [Nozick, 1974]. Para os libertários "de esquerda", pelo contrário, o valor da terra e, em termos mais gerais, dos recursos naturais — incluídos aí aqueles que a pessoa deve à sua apropriação privada e à exploração privada do seu potencial —, pertence em partes iguais a todos os membros da comunidade humana em questão, no caso, a humanidade inteira [Steiner, 1992]. Com certeza pode-se imaginar que seja feita justiça, segundo esse ponto de vista, concedendo a todos uma parcela de terra de igual valor. Mas a complexidade burocrática e a ineficácia econômica de uma distribuição desse tipo são tamanhas, dada nossa situação demográfica e tecnológica de hoje, que outra concretização deste mesmo princípio é bem mais atraente.

Trata-se de instaurar uma "taxa de alíquota única", cujo nível seja tal que ela arrecade, calculada sobre uma base anual, a integralidade do valor comercial da parte do solo e do subsolo que são objeto de apropriação privada, ou seja, a renda fundiária determinada por um hipotético mercado perfeito. O produto desta taxa é distribuído igualmente entre todos, a despeito de qualquer contribuição individual à produção de riqueza. Assim agindo, uma parte do fruto do trabalho dos trabalhadores não lhes é extorquida. Exige-se simplesmente daqueles que lucram com os recursos da natureza que paguem um aluguel justo em prol do conjunto dos proprietários legítimos desses recursos. O que toma apenas a aparência de uma transferência não constitui, portanto, a expressão de uma solidariedade com os menos favorecidos, mas a efetivação do direito igual de todos à parte modesta que lhes cabe. A incondicionalidade, aqui, não tem mais nada a ver com um mal necessário.

Pode-se, no entanto, perguntar se o valor da renda de cidadania não acabaria se reduzindo a um nível baixíssimo diante da eventualidade do esgotamento inelutável dos recursos naturais e da passagem a um capitalismo cognitivo baseado, antes de mais nada, na exploração dos recursos humanos. Ainda que se estipule que cada geração tem o dever de aumentar o estoque de capital de modo a compensar o esgotamento que provoca, a restrição que tal abordagem impõe à base de financiamento legítimo parece comprometer a possibilidade de justificar uma renda de cidadania substancial.

Uma via capitalista para o comunismo

No pólo oposto do pensamento libertário ou liberal conservador, não podemos encontrar no pensamento marxista uma justificativa inteiramente diferente para uma renda de cidadania mais generosa? No espírito de Marx [1875], o socialismo, definido pela propriedade coletiva dos meios de produção, não constitui um fim em si mesmo, mas o meio para chegar ao comunismo, definido pelo princípio "de cada um segundo a sua capacidade, a cada um segundo a sua necessidade". Ao suprimir os entraves capitalistas ao desenvolvimento das forças produtivas, a organização socialista da produção gera a abundância necessária à criação de uma sociedade na qual o trabalho exigido para satisfazer as necessidades de alguém será tão reduzido e se tornará tão agradável que todos se disporão a efetuá-lo espontaneamente conforme a sua capacidade, sem que seja necessária uma remuneração para estimulá-los.

Renda básica de cidadania e exploração

Afastando-se de Marx e do marxismo ortodoxo, muitos defensores do socialismo situam sua superioridade sobre o capitalismo não em termos de desempenho produtivo, mas na abolição da exploração capitalista. A sua atitude em face da renda de cidadania depende, necessariamente, da razão pela qual consideram inaceitável essa exploração.

Se é porque nasce da obrigação em que se encontram os proletários, por falta de alternativa, a vender a sua força de trabalho aos capitalistas, então a renda da cidadania é uma maravilha que, se for fixada num nível substancial, liberta do trabalho forçado o conjunto da população.

Se é porque tal exploração resulta da possibilidade oferecida a alguns de viverem sem trabalhar, então a renda básica de cidadania é uma calamidade, já que consiste em tornar acessível a todos um parasitismo que o capitalismo confina alegremente a uma pequena minoria de abastados.

Para distribuir integralmente o produto segundo as necessidades, em vez de segundo as contribuições, será necessário, com certeza, atingir o último estágio da plena abundância.

Mas pode-se imaginar uma realização gradual desse ideal, cada geração distribuindo o mais possível a sua renda de acordo com as necessidades, com a restrição de que o estímulo material para contribuir baste para gerar uma produção total capaz de satisfazer as necessidades fundamentais de todos. A distribuição segundo as necessidades poderia ser feita, pelo menos parcialmente, *in natura*, e é indispensável um ajuste em função de necessidades específicas ligadas à idade ou à invalidez. Mas a renda de cidadania apresenta-se naturalmente como instrumento cômodo para permitir a cada um cobrir o patamar de necessidades comuns a todos. Quer no regime socialista, quer no regime capitalista, uma transição gradual para o comunismo pode, assim, ser compreendida como um aumento progressivo do nível relativo da renda de cidadania *vis-à-vis* a renda média. À medida que a produtividade cresce, o volume de trabalho prestado que exige remuneração pode contrair-se sem com isso comprometer a satisfação das necessidades de todos, e a parte relativa às remunerações pode, então, diminuir. No limite, é a integralidade do produto nacional que pode ser distribuída segundo as necessidades. A renda de cidadania, abstraindo-se os complementos específicos para necessidades específicas, atinge então o nível da renda média [Van Parijs, 1985; van der Veen e Van Parijs, 1986a].

Uma justificativa desse tipo para a renda de cidadania pode assumir um ideal ao mesmo tempo igualitarista e emancipador que ocupa o pólo oposto do princípio da maximização do emprego com a obrigação de abolir a pobreza, discutido anteriormente (cf. § III.3). Aqui, maximizar o nível relativo da renda de cidadania chega, de fato, com essa mesma obrigação, a minimizar o volume de emprego. Mas será mesmo que esse ideal faz sentido? Imaginemos duas situações realizáveis e, fora isso, idênticas, tais que em A o nível da renda de cidadania seja mais alto em termos proporcionais que a renda média e, em B, seja mais alto em termos absolutos; o fato de que em B uma proporção maior do produto é distribuída segundo a contribuição de cada um tem como efeito um aumento tal da produção que o valor absoluto da renda de cidadania distribuída a todos pode ser, em termos duráveis, mais alto que em A. O ideal aqui invocado implica que é necessário preferir A, embora todos, não somente os que contribuem, mas inclusive os que não dispõem de nada além da renda de cidadania, recebam um total de recursos menor do que em B. Seria isso defensável [Van de Veen e Van Parijs, 1986b]?

Rawls contra a renda básica de cidadania?

Levar em conta esse tipo de objeção numa abordagem que se quer igualitarista é um dos aspectos centrais da teoria de John Rawls [1971], expressão paradigmática da concepção liberal-igualitária da justiça. Os princípios constitutivos dessa teoria chegam, na verdade, a exigir que as instituições de uma sociedade justa repartam as vantagens socioeconômicas de tal modo que os mais desfavorecidos possam ser contemplados com mais se isso for possível de forma sustentada e desde que respeitado um conjunto de liberdades fundamentais devidamente definidas e a igualdade de oportunidades sempre que estiverem em jogo talentos equivalentes. Estes princípios justificariam a adoção de uma renda mínima garantida no nível mais elevado possível? Exigiriam que ela assumisse a forma incondicional de uma renda de cidadania [Mais, 1999; Prats, 1996]?

Uma resposta afirmativa poderia parecer evidente: enquanto mal começava a discussão econômica sobre o imposto negativo, num sentido amplo que incluía o *demogrant*, Rawls [1967, 1971] fez explicitamente dessa proposta uma modalidade de concretização da garantia de um mínimo social, ingrediente central da dimensão distributiva das instituições de uma sociedade justa.

Para responder com rigor à pergunta, é importante, contudo, partir da lista de vantagens socioeconômicas enunciada por Rawls em sua *Teoria da justiça* [1971]: renda e riqueza, poder e prerrogativas ligadas à posição social e bases sociais do respeito próprio. Caso nos limitemos ao primeiro termo, a renda, todas as formas de garantia de renda poderiam, em princípio, cumprir tal função, sendo o único senão o nível em que ela poderia ser garantida de forma sustentável. No entanto, levar em conta os outros termos, especialmente a base social do respeito próprio, impõe uma seleção mais rigorosa. Se a dignidade dos beneficiários importa, um sistema de transferências voltado para os "necessitados" apresenta uma séria desvantagem. Afinal, quanto mais a focalização for eficiente, tanto mais os que recebem o benefício serão identificados como verdadeiramente incapazes de satisfazer às próprias necessidades e, em conseqüência, serão estigmatizados. Nasce daí uma forte tendência favorável a uma forma universal de renda mínima. Esta tendência se reforça ainda mais quando se leva em conta o fato de que uma renda-base incondicional facilita o exercício, pelos mais desfavorecidos, de atividades, remuneradas ou não, essenciais para valorizá-los e cultivar sua auto-estima (cf. § III.2).

No entanto, em dois artigos posteriores [Rawls, 1974, 1988], o autor rejeita sem ambigüidade a idéia de uma renda incondicional: "Os que surfam o dia inteiro na praia de Malibu devem encontrar um meio de custear eles mesmos as suas necessidades e não deveriam se beneficiar dos recursos públicos" [Rawls, 1988, p. 257]. Para impedir que os seus princípios fossem empregados para justificar tal renda, ele chega a modificar a lista de vantagens socioeconômicas, acrescentando-lhe o lazer. Os que, embora capazes, preferirem não trabalhar dispõem de um tempo de lazer irrestrito que precisa ser contabilizado entre as vantagens socioeconômicas de que dispõem, por exemplo, no nível do salário em horário integral de um trabalhador não qualificado. Seria, portanto, injusto incluí-los entre os mais desfavorecidos e permitir que se beneficiassem de uma compensação monetária pela escassez de sua renda.

Por sua vez, essa resposta deve ser bastante relativizada a partir do momento em que se leva inteiramente em conta o fato de que o princípio da diferença de Rawls, ao definir a distribuição justa das vantagens socioeconômicas, não estabelece que os que têm menos devam ter o mais possível, mas sim que os que ocupam a posição menos vantajosa devem esperar ter em média o mais possível. Paradoxalmente, embora a inclusão do lazer entre as vantagens socioeconômicas elimine a possibilidade da adoção da renda de cidadania na primeira interpretação, aumenta-a na segunda: se o lazer não conta para nada, um mecanismo que permita aos mais mal posicionados ter ainda mais lazer poderá prevalecer para se proceder a uma avaliação do recurso à focalização para além do critério exclusivo de renda. Assim, é impossível negar categoricamente que uma renda de cidadania possa se justificar com base nos princípios de Rawls, assim como é impossível afirmar categoricamente que possa sê-lo. Entre as diferentes modalidades e combinações de garantia de renda e subsídio de emprego, a escolha dependerá, portanto e fundamentalmente, da ponderação atribuída aos diversos ingredientes do índice de vantagens socioeconômicas e do impacto sobre cada um deles dos mecanismos previstos [Van Parijs, 2002].

A justiça como liberdade real para todos

Quer aceitem ou não a formulação clássica que o próprio Rawls lhe deu, os que se inserem, como ele, numa concepção liberal-igualitária da justiça são numerosos em compartilhar seu mal-estar com os surfistas de Malibu e outros supostos preguiçosos. Para eles não se trata, é claro, de fazer um apelo "iliberal" à superioridade de uma concepção específica de uma vida boa da qual estes surfistas parecem se desviar. Mas há duas outras maneiras pelas quais podem, com coerência, expressar esse mal-estar para rejeitar a renda básica de cidadania. Podem argumentar que a concessão a todos de uma renda incondicional provoca uma tendência a favor das atividades meditativas do monge em detrimento das atividades lucrativas do consultor ou, em termos mais gerais, a favor do tempo livre em detrimento da renda, o que, conseqüentemente, viola o princípio da *imparcialidade* que define a abordagem liberal [Musgrave, 1974]. Podem também argumentar que viola o princípio da reciprocidade. Mesmo que este não seja interpretado de maneira rígida como equivalência estrita entre o que se dá à sociedade e o que se retira dela, nem como uma proporcionalidade estrita entre esforço e renda, é igualmente incompatível com uma renda concedida de forma incondicional a qualquer um que esteja em perfeitas condições de trabalhar [White, 2003a, 2003b].

UMA IDÉIA JUSTA?

A concepção de justiça como "liberdade real para todos" [Van Parijs, 1991, 1995, 1996; Reeve e Williams, 2003] pretende fornecer uma justificativa liberal-igualitária da renda de cidadania que seja capaz de responder a essas importantes objeções. O seu ponto de partida é a idéia simples na qual a justiça é uma questão de repartição da liberdade real de fazer o que desejamos fazer de nossas vidas, o que não é apenas uma questão de direito, mas também de acesso efetivo aos bens e às oportunidades. Numa primeira abordagem, a distribuição justa dessa liberdade real exige que se reparta de maneira igual — ou, se não der no mesmo, segundo um critério de "maxímino sustentável", ou seja, de maximização sustentável do mínimo — tudo o que nos é dado. Isso inclui os bens que recebemos por herança ou doação, durante toda a nossa vida e não apenas em seu início. Para serem igualados, esses bens têm de poder ser avaliados. A maneira mais coerente de fazê-lo consiste em estimar o seu custo de oportunidade para os outros, ou seja, a perda global que resulta para os que não os receberam, do fato de terem sido privados deles. Uma avaliação assim pode ser estimada por meio dos preços de equilíbrio de um mercado concorrencial, por meio de uma distribuição apropriada das dotações. A justiça, portanto, exige que todos nós recebamos um conjunto de recursos de mesmo valor ou que, de qualquer modo, o valor da dotação do menos bem-dotado seja o mais elevado possível.

Os bens recebidos como herança e os diversos tipos de doações não representam, contudo, o essencial das dotações das quais nos beneficiamos de forma bastante desigual ao longo da vida. Os rendimentos associados aos empregos que ocupamos constituem o seu componente preponderante. Se ocupamos estes empregos em razão dos talentos que possuímos, da educação de que nos beneficiamos, de pais ou amigos que nos deram informações e apoio, da cidadania de que gozamos, da geração à qual pertencemos ou à localidade onde moramos, eles constituem um privilégio. O valor desse privilégio corresponde à diferença entre a remuneração efetiva de um emprego e a sua remuneração concorrencial graças a uma distribuição apropriada das dotações. Não é fácil estimar essa renda e menos ainda homogeneizá-la. Mas, se o critério adotado é o *maxínimo* sustentável, basta taxar o conjunto dos rendimentos do trabalho no nível de receita mais elevado que seja sustentável, valendo-se para isso de alíquotas que os trabalhadores possam antecipar, para evitar que alguns sejam penalizados por um imposto de renda superior aos seus rendimentos, e em seguida repartindo igualmente tal receita entre todos, trabalhadores ou não, sob a forma de uma renda básica de cidadania.

Uma justificativa incondicional?

Nessa versão não-rawlsiana do igualitarismo liberal, é bem mais provável que os surfistas de Malibu recebessem uma renda mais modesta do que na versão rawlsiana. É claro que, se a produção derivasse exclusivamente do puro trabalho, sem recorrer a nenhuma doação sob a forma de matérias-primas, tecnologia, formação ou emprego, os surfistas não poderiam gozar de nenhuma apropriação da renda dos trabalhadores. Mas em nossas economias reais, cujo funcionamento se caracteriza pela ubiqüidade destas doações, a apropriação máxima que se pode efetuar sobre os empregos, assim como sobre as demais possibilidades oferecidas pelo mercado, não faz mais que redistribuir uma fração da renda distribuída com muita desigualdade. Portanto, embora seja verdade que o surfista deliberadamente improdutivo de Malibu não "mereceu" o seu benefício, tal fato não é eticamente distinto do modo como o acaso e a sorte afetam profundamente, em grau bastante subestimado, a distribuição dos empregos, da riqueza, da renda e do tempo de lazer.

Por essa razão não haveria aqui nenhuma ruptura do princípio da neutralidade do Estado, nenhuma tendência "iliberal" em favor do monge e contra o consultor, mas apenas uma assimetria que resulta de uma necessidade pragmática: somente a renda pode ser apropriada, não o lazer, para aumentar o máximo possível os espaços de escolha na esfera do lazer e na do trabalho dos que menos se beneficiam dos dois. Não há mais tampouco negação da importância da reciprocidade. Mas esta deve reger a distribuição das contribuições e dos benefícios tendo como cenários dotações básicas igualmente distribuídas. O que a renda de cidadania faz não é redistribuir por solidariedade a renda dos que trabalham entre os que não trabalham, mas dar a cada um, a princípio, sejam quais forem as suas escolhas, o que lhe cabe.

Uma concepção defensável da justiça não deve levar menos em conta as desigualdades dos recursos internos — talentos e deficiências —, cuja importância não se reduz ao efeito que causam sobre o acesso aos recursos externos. Levar isso em conta justifica transferências direcionadas a pessoas que sofrem de "deficiências" e desse modo reduz, inevitavelmente, o valor máximo aceitável da renda de cidadania. Nas condições materiais predominantes nos países desenvolvidos, o escopo dessas transferências com fins solidários mantém-se, portanto, compatível com uma renda de cidadania substancial [Van Parijs, 1995, cap. III].

A justificativa da renda de cidadania assim proposta constitui, de qualquer modo, uma radicalização da justificativa dos libertários de esquerda acima discutida, baseada no reconhecimento, tantas vezes ressaltado pelos defensores da renda de cidadania, de que só a natureza nos foi dada de presente [Alperowitz, 1994; Duboin, 1998; Dore, 2001]. Mas aqui o quadro filosófico não é, como no ponto de vista do pensamento libertário, um sistema "natural" de direitos individuais de propriedade que as instituições sociais têm como único papel respeitar e proteger, mas sim a combinação, constitutiva de uma abordagem liberal igualitária, de respeito igual pela diversidade de concepções de uma vida boa com uma preocupação com os interesses de todos. Interpretada segundo o *maxímino* sustentável de possibilidades em todas as esferas da vida, tal respeito igual aos interesses de todos dá um lugar de destaque à luta contra a pobreza e o desemprego. Toda a argumentação que tende a mostrar que a renda de cidadania constitui um instrumento eficaz de redução da pobreza e do desemprego (cf. § III.1-2) encontra, assim, o seu lugar num quadro normativo explícito e coerente.

CAPÍTULO IV   Uma idéia de futuro?

Até aqui, esclarecemos a idéia da renda básica de cidadania e contamos a sua história. Sintetizamos as justificativas que lhe são dadas e as objeções que lhe são feitas. Mas terá ela chances políticas? Pode-se conceber, a partir da situação atual, uma seqüência plausível de etapas que levem à sua efetivação? Nos países industrializados, os mecanismos convencionais de renda mínima garantida sujeitos a condicionalidades pela situação familiar, a renda e a vontade de trabalhar constituem — às vezes a despeito e em razão dos seus defeitos — um pressuposto fundamental para que a renda de cidadania seja levada a sério pelos que tomam as decisões políticas. Onde foram adotados, esses mecanismos constituem desde então um elemento familiar do sistema de proteção social. À medida que se multiplicavam, geraram, todavia, efeitos negativos claros o bastante para provocar debates e propostas de reforma. Entre estas, a renda de cidadania conquistou pouco a pouco um lugar de destaque. Algumas forças políticas e sociais a apóiam hoje abertamente e, em vários países, órgãos governamentais estudaram-na e apresentaram-na como alternativa digna de consideração. Mas a sua concretização tropeça em tamanhos obstáculos que, nos países industrializados, a "estrada real" de uma implantação triunfal é pouco provável, bem menos, em todo caso, do que uma implantação discreta e gradual "pela porta dos fundos" [Vanderborght, 2004b]. Não acontece necessariamente a mesma coisa, como veremos, nos países menos desenvolvidos.

Antes de examinar a factibilidade política de diversas trajetórias de adoção gradual da renda básica de cidadania, é instrutivo começar por um inventário das posições adotadas a seu respeito pelas principais forças sociais e políticas.

1. FORÇAS SOCIAIS

Trabalhadores assalariados

Apesar da erosão da sua representatividade, muito marcante em alguns países industrializados, os sindicatos continuam a ser, por toda parte, atores importantes dos processos de reforma do Estado Social. Às vezes participam diretamente da gestão dos sistemas de seguro-desemprego e de aposentadoria, participam de órgãos consultivos influentes e pesam nas decisões políticas através de representantes que constituem os seus retransmissores privilegiados. Em numerosos casos, sua posição a respeito da renda básica de cidadania poderia, portanto, mostrar-se crucial para o futuro político da idéia.

À primeira vista, o panorama não é muito promissor. A maior parte dos sindicatos parece ignorar inteiramente a idéia e os que se expressam a respeito são francamente hostis. Assim, desde 1985 a Conféderation des Syndicats Chrétiens (CSC), principal federação sindical belga, fustiga as "pretensões simplórias" dos defensores da proposta, exprimindo a sua inquietação com as "manobras ideológicas" das quais procede e "contra as quais o sindicalismo cedo ou tarde terá de lutar". Em 1986, a convenção do Congrès du Travail do Canadá (CLC-CTC) adota uma moção de mesma natureza para condenar a inspiração "neoliberal" da proposta de imposto negativo, lembrando o papel de Milton Friedman no debate norte-americano sobre a questão. Por toda parte, no decorrer dos anos seguintes, encontramos posicionamentos semelhantes dos principais dirigentes sindicais, quer expressas oficialmente ou a título pessoal. Em 1999, por exemplo, o secretário nacional encarregado das questões de emprego na Conférération Française Démocratique du Travail (CFDT), Michel Jalmain, declarou sérias reservas ao que qualificou então de "renda de assistência universal". A seus olhos, uma medida dessas acaba subsidiando, à custa da coletividade, as empresas que propõem empregos atípicos, precários e mal remunerados.

Por que os sindicatos desconfiam da renda básica de cidadania

A desconfiança que a renda de cidadania provoca no meio sindical se alimenta principalmente dos temores de que:

1. os empregadores se aproveitem da ocasião para baixar os salários, argumentando de fato que uma renda garantida virá a complementá-los a partir de então, e que ao mesmo tempo façam pressões para reduzir ou abolir o salário mínimo legal onde ele existir;

2. uma parcela importante da renda disponível de cada família de trabalhadores seja visivelmente paga mais pela autoridade pública do que pela empresa, que ainda é onde a influência dos sindicatos se exerce mais naturalmente;

> **3.** o poder de negociação dos trabalhadores, reforçado pelas escolhas permitidas pela renda de cidadania, fique mais independente do seu potencial de ação coletiva;
> **4.** a renda básica de cidadania não seja adotada como base de um sistema diferenciado de proteção social, mas como substituto integral do conjunto de mecanismos existentes;
> **5.** os trabalhadores em tempo integral, com contratos estáveis e relativamente bem pagos, que costumam formar o núcleo dos seus filiados, achem-se financeiramente prejudicados, em razão dos ajustes fiscais necessários;
> **6.** os sindicatos cuja renda resulta em parte da remuneração do serviço de pagamento das indenizações por desemprego (que lhes é confiado em alguns países) vejam esta renda erodida pelo ajuste por baixo das indenizações distribuídas.

Mas há exceções. A mais notável, já citada (cf. § I.4), continua a ser a da central de alimentação Voedingsbond, dentro da principal federação sindical holandesa (FNV), que deflagrou e depois alimentou, com persistência notável, o debate na Holanda sobre a renda básica de cidadania. Durante os anos 1980, enquanto os Países Baixos detinham uma taxa de desemprego de dois dígitos, uma renda incondicional substancial somada a uma redução significativa da jornada de trabalho surgiu como objetivo prioritário dos dirigentes de um sindicato com muitos trabalhadores pouco qualificados empregados em meio expediente. Outra exceção notável, o Ezker Sindikalaren Konbergentzia (ESK, País Basco espanhol), defende a idéia de uma "renda básica" individual e incondicional e consagrou ao tema, em 2002 e 2005, dois números inteiros da sua revista *Gaiak*.

UMA IDÉIA DE FUTURO?

> **Por que a renda básica de cidadania deveria agradar aos sindicatos**
>
> 1. Ao dar a cada trabalhador a garantia de se beneficiar o tempo todo de uma renda garantida, a renda de cidadania torna claramente menos arriscada a saída do mercado de trabalho. O poder de negociação de cada trabalhador se vê ampliado, assim como o estímulo aos empregadores para melhorar preventivamente as condições de trabalho e tornar o emprego o mais atraente possível sob todos os ângulos.
> 2. A divisão da jornada de trabalho, objetivo ao qual a grande maioria das organizações sindicais européias dizem aderir, fica facilitada: quer seja feita através do meio expediente voluntário, da interrupção da carreira ou da redução da jornada máxima de trabalho, a perda de remuneração que provoca é compensada pela existência de uma renda disponível por direito e independente do número de horas trabalhadas.
> 3. O poder coletivo das organizações sindicais fica reforçado: basta imaginar a diferença que representa uma renda básica de cidadania significativa, em termos de correlações de força, no caso de uma greve de longa duração.

No resto dos países industrializados, o apoio à idéia está longe de inexistir no meio sindical, mas mantém-se ligada sobretudo a uma ou outra personalidade não conformista ou a pequenos grupos de intelectuais e militantes. Assim, o serviço de estudos da principal confederação sindical italiana (Confederazione Generale Italiana del Lavoro, CGIL) organizou, de 1987 a 1991, uma série de colóquios e publicações centrados na renda de cidadania. E em Québec, onde as organizações sindicais se dizem refratárias à idéia não por princípio, mas em razão do contexto norte-americano no qual têm de funcionar [Wernerus, 2004], uma das figuras históricas do sindicalismo, Michel Chartrand, tornou-se, em termos pessoais, o sustentáculo da proposta com mais espaço na mídia [Bernard e Chartrand, 1999].

É surpreendente, sem dúvida, que seja no hemisfério Sul que encontremos, desde meados dos anos 1990, os sindicalistas mais engajados no combate a favor da "renda básica". Na África do Sul, o Congress of South African Trade Unions (Cosatu) bate-se abertamente pela implantação de um abono universal, apresentado numa série de textos oficiais como um dos instrumentos indispensáveis para o desenvolvimento do país. Segundo o Cosatu, essa medida permitiria conciliar o crescimento econômico com a criação de empregos e a luta contra a pobreza. Com outras organizações, esse sindicato fundou a Basic Income Grant Coalition (Coalizão pela Concessão da Renda Básica), cujo objetivo é conseguir que o governo sul-africano coloque em sua pauta a renda da cidadania [Standing e Samson, 2003]. Por outro lado, desenvolveu-se uma reflexão ativa em torno da idéia no seio do movimento sindical colombiano. A sua escola nacional, sediada em Medellín, consagrou-lhe um número da revista *Cultura y Trabajo* (2002), fez dela o tema do seu vigésimo quinto aniversário e publicou, logo após, uma coletânea de textos sobre o assunto [Giraldo, 2003].

UMA IDÉIA DE FUTURO?

Desempregados e trabalhadores precários

Mais que as organizações de trabalhadores assalariados, mais ainda que as que defendem essencialmente os interesses dos trabalhadores mais bem protegidos, são, é óbvio, os movimentos de beneficiários de transferências de renda e de trabalhadores autônomos que deveriam dar naturalmente maior apoio aos partidários de uma renda de cidadania. Decerto a falta de recursos financeiros, o caráter efêmero da situação de exclusão para um bom número dos mais suscetíveis a levar a luta adiante, a identificação frágil com a condição de excluído e ainda a falta de interação regular constituem outros tantos obstáculos à mobilização eficaz dos que têm mais a ganhar com uma reforma que dê fim à condicionalidade dos benefícios. Mas esses obstáculos bem reais não são totalmente insuperáveis. Assim, num exercício interessante de etnografia participativa, Bill Jordan [1973] mostra como a idéia da renda de cidadania surgiu gradualmente como objeto de reivindicação entre os desempregados de uma cidadezinha do sul da Inglaterra. Em outros locais, quando as redes de manutenção da proposta tomaram forma, as associações de desempregados foram membros-fundadores, como nos Países Baixos (1987) e na Alemanha (2004).

Na França, o sindicato dos desempregados, fundado por Maurice Pagat em 1982, e o Mouvement National des Chômeurs et Précaires, que o sucedeu em 1986, deram um bom lugar à idéia nas colunas da sua revista *Partage*. Em Paris e no interior, associações locais, às vezes de inspiração libertária, fizeram a mesma reivindicação [Geffroy, 2002]. Mas foi só com as ações empreendidas pelos desempregados durante o inverno de 1997-1998 — um "milagre social", segundo Pierre

Bourdieu [1998] — que um verdadeiro movimento social se cristalizou em torno da idéia, dando uma visibilidade sem precedentes à reivindicação de uma renda garantida sem contrapartida. O lema "Emprego é direito, renda é dever!" torna-se, assim, a palavra de ordem que conclama manifestações e ocupações organizadas em Paris e no interior. Sob o impulso da federação *AC! Agir contre le Chômage*, fundada em 1994, a renda de cidadania foi lançada no debate político [Guilloteau e Revel, 1999]. Impressionado com a extensão e a duração dos problemas, o primeiro-ministro Lionel Jospin encarrega os responsáveis pelo desenvolvimento social de redigir um relatório sobre os "problemas levantados pelos movimentos de desempregados" [Join-Lambert, 1998]. Uma seção inteira traz um título revelador: "Rumo à fusão de todos os mínimos e, depois, rumo à renda de cidadania?". Embora o documento traga uma resposta ambígua a essa pergunta, inaugura uma longa série de trabalhos oficiais que tratam da reforma dos mínimos sociais em que a renda mínima e idéias próximas são sistematicamente discutidas.

A partir desse exemplo notável, seria excessivo concluir que a renda de cidadania tem unanimidade entre os desempregados e as associações que ambicionam representá-los. Embora o debate sobre a proposta se tornasse cada vez mais ativo na Irlanda durante a década de 1990, a Irish National Organisation of the Unemployed (INOU) manteve-se bastante crítica. As suas comunicações à imprensa fustigam invariavelmente a proposta, lamentando que desvie a atenção dos problemas imediatos do desemprego e da pobreza, para os quais existem remédios mais específicos e financiáveis sem demora.

2. ORGANIZAÇÕES POLÍTICAS

Ecologistas

Na primeira fila das forças políticas que mostraram interesse manifesto pela renda de cidadania, encontramos, nos países industrializados, as entidades de ecologistas. Desde o final da década de 1970, o Ecology Party britânico e o Politieke Partij Radikalen, que em 1990 se tornou um dos fundadores do partido verde holandês Groenlinks, são as primeiras formações políticas européias a colocar a renda básica de cidadania explicitamente em seu programa. Na Bélgica, os dois partidos ecológicos, École (francófono) e Agalev (flamengo), fizeram o mesmo em 1985, como objetivo a médio prazo que supostamente guiaria a transformação das políticas sociais. Entre os verdes franceses, o debate toma forma no final da década de 1990, notadamente com o impulso de Jean Zin e Yann Moulier-Boutang. Em 1999, esse partido adota a idéia de uma "renda social garantida" direcionada para os assalariados em meio expediente e os que exercem atividades "autônomas", idéia apresentada como etapa importante rumo a uma verdadeira "renda de cidadania". Na Irlanda, o Green Party envolve-se ativamente no esforço que levou, em 2002, à publicação pelo governo de um "livro verde" sobre o assunto. Os parlamentares ecologistas, entre os quais o presidente do partido, Trevor Sargent, contribuem para manter a pressão quanto ao andamento concreto que se dá a tal iniciativa. Na Finlândia, enfim, o líder da "Linha Verde", Osmo Soininvaara, ministro dos Serviços Sociais de 2000 a 2002, publica vários livros nos quais a idéia de renda de cidadania é defendida e promove-a com todo o vigor no debate público.

A renda básica de cidadania, no entanto, está longe de obter unanimidade fácil no seio das entidades ecológicas e até, em vários casos, constituiu um fator de divisão. É o que acontece, de maneira latente, com os Grünen alemães. É o que acontece, de maneira bem explícita, com o partido ecologista holandês Groenlinks. Desde a sua fundação em 1990, a agremiação foi regularmente teatro de enfrentamentos entre os que, como o ex-deputado europeu Alexander de Roo, vêem nele um elemento central da identidade de um partido verde e os que, como o deputado Kees Vendrik, recusam o afastamento do consenso "trabalhista". Depois de adotar oficialmente a idéia de um imposto negativo modesto (o Voetinkomen, ou "renda-piso") como proposta de compromisso, o Groenlinks apagou aos poucos do seu programa as referências à renda de cidadania. Desde fins dos anos 1990, somente um partido ecológico concorrente mas bem mais marginal, De Groenen, ainda propõe a adoção de uma renda de cidadania nos Países Baixos.

Renda básica de cidadania e ecologia

Como explicar a aliança entre ecologistas e renda de cidadania? Com três fatores logicamente independentes.

1. Básica para as formações ecologistas, a necessidade de reduzir as nossas expectativas em termos de crescimento do poder de compra é mais fácil de digerir para os que, em relação ao restante da população, dão importância relativamente pequena à posse e ao consumo de bens materiais em comparação com o uso mais livre do seu tempo. Portanto, não é de espantar que as pessoas com esse perfil de preferências sejam sobre-representadas nos partidos verdes. Como a renda de cidadania é, claramente, uma medida que deveria facilitar a sa-

> tisfação de tais preferências (cf. § III.4), não surpreende que consiga apoio fácil dentro dessas agremiações.
> 2. O movimento ecológico recusa a aceleração do crescimento como resposta aos desafios do desemprego e da pobreza. Ora, ao dissociar, por princípio, os rendimentos da contribuição produtiva, a renda de cidadania pode ser compreendida como um freio estrutural ao crescimento. Permite evitar que o crescimento contínuo da produtividade se traduza, em essência, por um inchaço do consumo, evitando ao mesmo tempo a geração de um desemprego involuntário maciço que, ecologista ou não, nenhum partido que se pretenda progressista pode aceitar. Na verdade, o freio funciona também como mecanismo flexível de divisão do emprego disponível (cf. § III.2).
> 3. Em razão de sua preocupação em proteger os interesses das gerações futuras, os ecologistas adotam, logicamente, uma concepção da natureza como patrimônio comum da humanidade. Nessa ótica, é evidente exigir dos que possuem a terra, consomem as matérias-primas ou poluem a atmosfera que contribuam proporcionalmente para um fundo cujos dividendos seriam repartidos de modo incondicional entre todos — o que é o mesmo que defender um "dividendo natural", como na concepção de Thomas Paine, Thomas Spence ou Joseph Charlier (cf. § I.2).

Em vários países europeus, os partidos verdes constituem, a partir daí, um componente importante da paisagem política, tendo se associado principalmente ao governo nacional da Finlândia (1995-2002), da França (1997-2002), da Alemanha (a partir de 1998) e da Bélgica (1999-2003). Quer seja por falta de peso suficiente na coalizão governamental, ou por falta de suficiente consenso em seu próprio meio, eles, contudo, nunca aproveitaram para colocar a renda básica na pauta política imediata. Como testemunham a adoção da idéia pelo Green Party americano em sua convenção realizada em Milwaukee (junho de 2004) e o fato de que tenha sido a Heinrich Böll Stiftung, fundação ligada ao partido verde alemão, que acolheu, em dezembro de 2004, em Berlim, o primeiro colóquio do Netzwek Grundeinkommen (rede alemã em prol do abono universal), é no seio da família política ecologista que a idéia da renda de cidadania pode contar, da forma mais espontânea, com grande simpatia.

Liberais de esquerda

A segunda família política que deu sustentação bastante clara à renda de cidadania, pelo menos nos países em que esta família dispõe de formações políticas distintas, é a dos liberais de esquerda. Nos Países Baixos, Democraten 66 (D66), agremiação fundada em 1966 por uma cisão do partido liberal, posicionou-se várias vezes em sentido favorável a ela. O seu centro de estudos publicou, em 1996, um relatório que a discutia de forma detalhada, depois que um dos seus ministros, Hans Wijers, deixou em dificuldades o primeiro governo trabalhista-liberal em dezembro de 1994 ao declarar que os Países Baixos "se dirigem inevitavelmente para uma reforma semelhante à renda básica de cidadania". Da mesma forma, na Áustria, o Liberales Forum, constituído em 1993 por uma dissidência de esquerda do "Partido da Liberdade" (FPÖ), de Jörg Haider, adotou publicamente posição favorável à adoção de um imposto negativo a partir de 1996.

Saídos de uma fusão entre os herdeiros do velho partido liberal e os dissidentes socialdemocratas do velho partido trabalhista, os *liberal democrats* britânicos adotaram igualmente um perfil "liberal de esquerda". Sob a condução do seu líder Paddy Ashdown, que era seu partidário convicto, fizeram a renda básica de cidadania figurar em boa posição no seu programa eleitoral sob o título de Citizen's Income, de 1989 a 1994, e depois a retiraram, considerando-a utópica demais.

O último exemplo é o partido *Vivant*, fundado na Bélgica em 1997 pelo industrial Roland Duchâtelet, de Anvers. Liberal de esquerda preocupado em conciliar graus elevados de liberdade individual e solidariedade social, fez de uma versão da renda de cidadania a idéia central e fundadora do seu partido [Vanderborght, 2002]. Trata-se, para ele, de uma "renda básica" individual e incondicional de quinhentos euros, financiada por um aumento drástico do imposto sobre valor agregado. Nas eleições federais de 1999, *Vivant* obteve quase 2% dos votos, um pouco menos nas de 2003, insuficiente para ser representado no Parlamento. Com a aproximação das eleições regionais e européias de 2004, o partido concluiu uma aliança com a formação liberal flamenga do primeiro-ministro Guy Verhofstadt. Embora a coalizão não lhe dê uma cadeira, confere ao *Vivant*, ao seu fundador e à sua versão de renda de cidadania uma visibilidade sem precedentes na imprensa.

Socialdemocratas

Durante os anos 1930, grandes intelectuais, como James Meade e George D. H. Cole, no Reino Unido, e Jan Tinbergen, nos Países Baixos, tentaram convencer em vão os seus respectivos partidos trabalhistas a colocar a renda de cidadania no âmago do seu programa econômico. Depois da Segunda Guerra Mundial, a idéia é totalmente eclipsada, nos partidos socialdemocratas europeus, por um projeto que repousa sobre o crescimento econômico aliado ao desenvolvimento de um sistema poderoso de seguridade social. Foi só depois de ter de admitir a necessidade de criar uma rede substancial de seguridade complementar e após constatar a existência de efeitos perversos dos mecanismos assim montados que os socialdemocratas — pelo menos aqueles que adotam uma concepção "flexível" do Estado Social ativo — retomaram aos poucos a reflexão sobre a renda de cidadania.

Sob a influência de um debate nascido fora dele, o partido trabalhista holandês (PvdA) é, assim, palco de trocas sobre a medida em meados da década de 1980. O economista Paul de Beer, na época pesquisador do centro de estudos do partido, monta um grupo de trabalho que publica uma seqüência de quatro números de um boletim no qual se encontram intervenções resolutas a favor da renda básica de cidadania, tanto de membros eminentes do partido quanto do primeiro Prêmio Nobel de Economia, Jan Tinbergen, e do antigo presidente da Comissão Européia, Sicco Mansholt. No entanto, uma resolução a favor da renda de cidadania é rejeitada por grande maioria no congresso do partido em 1985.

Alguns anos mais tarde, contudo, quando os trabalhistas retomam a direção do governo em 1994, o primeiro-ministro Wim Kok destaca publicamente a legitimidade de uma reflexão sobre a implantação de uma renda de cidadania (*basisinkomen*). Em dezembro de 1994, depois de uma discussão bastante divulgada pela imprensa sobre a questão com vários de seus ministros, declara não se opor "a um exame atento do que é possível fazer, em prazo mais longo, com essa idéia". Temendo, todavia, criar conflitos intensos dentro da sua coalizão, nunca tomou a iniciativa de recolocá-la em pauta.

UMA IDÉIA DE FUTURO?

Renda básica e Estado social ativo

Diante da "crise" do Estado-providência diagnosticada desde o início dos anos 1980, surgiram, durante a década de 1990, apologias às vezes polêmicas a uma "terceira via", destinada a preservar os ideais de progresso social mas transformando o Estado-providência. Assim, a noção de "estado social ativo" tornou-se o estandarte da socialdemocracia renovada, de Anthony Giddens a Ulrich Beck, de Tony Blair a Gerhard Schröder. No entanto, é importante destacar que o projeto de tornar ativas as despesas sociais e os seus beneficiários, que são a base do Estado social ativo, pode ser compreendido de duas maneiras bem contrastantes.

Numa interpretação repressora, trata-se, antes de tudo, de ir no encalço dos beneficiários dos mecanismos existentes para verificar se são verdadeiramente inaptos para trabalhar ou se realmente procuram emprego. A serviço desse projeto, o montante das pensões é reduzido, os critérios de elegibilidade para a sua concessão se restringem, o controle da sua obediência é reforçado, como, por exemplo, na reforma do sistema de proteção social alemão adotada em julho de 2004 com o nome de "Hartz IV".

Numa interpretação emancipadora, trata-se, antes de tudo, de suprimir os obstáculos — armadilha do desemprego, falta de qualificação, isolamento etc. — que impedem certas pessoas de exercer atividades remuneradas ou não, permitindo-lhes que sejam úteis aos outros, de pôr em prática os seus talentos, de obter o reconhecimento que só uma contribuição valorizada pode trazer.

Ainda que possa permitir que os mecanismos de seguridade funcionem melhor, notadamente por tornar realista o respeito às restrições que impõem, o abono universal está, claramente, no pólo oposto da versão repressora do Estado social ativo. Mas, por atacar a armadilha da exclusão (cf. § III.2), tem, é claro, o seu pleno papel na versão emancipadora.

Outros sinais são perceptíveis noutros pontos. Assim, na França, Roger Godino, assessor particular do antigo primeiro-ministro socialista Michel Rocard, sustenta a transformação da RMI em *"allocation compensatrice de revenu"* ("abono compensatório de renda", ACR), forma de imposto negativo que ele mesmo entende como uma etapa *"most advanced yet achievable"* ("avançadíssima mas factível") rumo a uma renda de cidadania [Godino, 1999] (cf. § IV.3). Na Espanha, Jordi Sevilla, deputado socialista (PSOE), que se tornou ministro da Administração Pública em 2004, propõe, desde 2001, uma reforma fiscal que incorpore uma renda básica de cidadania.

É possível, portanto, que os defensores da renda de cidadania encontrem aliados preciosos entre os socialdemocratas europeus conscientes da necessidade de instaurar um Estado Social ativo mas que prefiram, em vez da versão repressora que domina atualmente, a sua versão emancipadora. Todavia, se há em algum lugar no mundo um partido socialdemocrata do qual se pode dizer que fez avançar a idéia da renda da cidadania, é bem longe da Europa, no Brasil. O Partido dos Trabalhadores (PT) é, com efeito, a formação política latino-americana mais comparável aos partidos socialdemocratas europeus. Ora, a renda de cidadania figura não só em seu programa desde julho de 2002 como o seu dirigente histórico, Luiz Inácio Lula da Silva, eleito presidente em 2003, sancionou em janeiro de 2004 uma proposta de lei criando uma renda básica de cidadania.

Renda básica de cidadania e organizações cristãs

As divisões religiosas estruturam cada vez menos a vida política. Onde ainda existem partidos denominados cristãos, nenhum adotou um perfil claro sobre a questão da renda de cidadania. No entanto, não se deve concluir apressadamente que os que invocam o cristianismo não tiveram nenhum papel de destaque nessa discussão. Dois exemplos provam o contrário.

Na Irlanda, desde o início da década de 1980, a Justice Commission da Conference of Religious of Ireland (Cori), estimulada pelo padre Sean Healy, defende com vigor a renda de cidadania. Ela multiplica publicações extremamente documentadas, cria cenários de aplicação e tira proveito de um sistema neocorporativo que permite uma participação ativa no processo de decisão política para acelerar a entrada em pauta da proposta [Reynolds e Healy, 1995; Clark, 2002].

Na Áustria, a Katholische Sozialakademie editou a primeira monografia sobre a renda de cidadania publicada em língua alemã [Büchele e Wohlgennant, 1985] e ajudou a organizar o congresso internacional de Viena em setembro de 1996. Abriga também a pesquisa austríaca sobre a renda básica de cidadania (Netzwerk Grundeinkommen und sozialer Zusammenhalt), criada em outubro de 2002.

Tanto na Irlanda quanto na Áustria, os cristãos de esquerda concretizam, assim, o seu engajamento a serviço dos mais desfavorecidos sob a forma de pesquisas e apologias de uma idéia que lhes parece capaz de contribuir para a solução estrutural do problema da pobreza em suas diversas dimensões.

O caso de Christine Boutin é mais atípico. Presidente do Forum des Républicains Sociaux e candidata à presidência da República Francesa em 2002, é conhecida, em primeiro lugar, pelo seu engajamento resoluto contra o aborto e o casamento de homossexuais. Expressamente justificadas pelas referências cristãs, tais posições lhe valeram uma imagem hiperconservadora. Encarregada pelo primeiro-ministro Jean-Pierre Raffarin

> da redação de um relatório sobre "a fragilidade do laço social", ela defende com ardor, no entanto, desde a sua publicação em 2003, a idéia de um "dividendo universal" estritamente individual e incondicional [Boutin, 2003].

Apresentada pelo senador do PT Eduardo M. Suplicy e aprovada pelas duas câmaras do Congresso federal, essa lei constitui uma abertura surpreendente que, no entanto, é preciso interpretar com prudência. Como o texto estipula uma implantação gradual, começando pelas famílias mais necessitadas e dependendo da possibilidade orçamentária, trata-se, sobretudo, em termos imediatos e num futuro indefinido, de um sistema de renda mínima sujeito a condicionalidades não muito diferente da RMI em sua estrutura. No entanto, o fato de ser apresentada expressamente pelos socialdemocratas com a possibilidade de instauração progressiva de uma verdadeira renda de cidadania está longe de ser anódino.

Extrema esquerda

À esquerda dos partidos socialdemocratas, encontramos também, às vezes, uma certa simpatia pela idéia em formações políticas que vêem na renda básica de cidadania um instrumento de subversão da dominação capitalista. Assim, a agremiação irlandesa *Democratic Left* defendeu a proposta durante toda a década de 1980. Na Finlândia, observa-se um apoio análogo na *Vasemmistoliitto* ("Aliança de Esquerda"), conjunto de ecologistas radicais, ex-comunistas e diversos grupos de extrema esquerda que participou de duas coalizões governamentais entre 1995 e 2003. No Québec, pode-se encontrar um equivalente na Union des Forces Progressistes (UFP), fundada em 2002, que reúne socialistas, comunistas e ecologistas. Na esteira dos trabalhos de um dos seus principais componentes, o Rassemblement pour l'Alternative Progressiste (RAP), a UFP incorporou oficialmente ao seu programa a proposta de uma "renda de cidadania universal" superior ao patamar de pobreza. A isso é preciso acrescentar que, desde o fim dos anos 1990, a idéia da renda de cidadania também encontrou eco favorável no interior do movimento alteromundista, principalmente na Itália entre os Tutte Bianchi, que organizam debates e ações em torno da idéia [Fumagalli e Lazzarotto, 1999].

Os partidos comunistas ortodoxos, por outro lado, ainda não foram seduzidos por essa marcha rumo ao "reino da liberdade", sem dúvida distante demais da sua própria visão de realização gradual do comunismo. No entanto, é preciso notar que, em junho de 2003, sob o impulso da sua vice-presidente, Katja Kipping, o Partido do Socialismo Democrático (PDS), herdeiro do partido único da Alemanha Oriental, apresentou uma proposta de renda mínima garantida substancial e desempenhou um papel importante na constituição da rede alemã em prol da renda básica de cidadania (julho de 2004).

3. TRANSIÇÕES PROMISSORAS

O peso do contexto

Tal percepção do posicionamento das forças políticas e sociais deixa em evidência o fato de que a renda de cidadania cada vez mais abre espaço em segmentos espantosamente diversos do espectro político. Mas leva também a pensar que estamos longe de ver surgir um vasto consenso em seu favor. Torna-se, assim, fundamental ultrapassar um estado de coisas forçosamente estático para explorar os avanços e promessas de um certo número de reformas que poderiam constituir passos modestos mas decisivos rumo à implantação de uma verdadeira renda de cidadania.

Na avaliação do potencial dessas vias de transição, é preciso ter em mente as restrições que cada contexto nacional impõe. Nos países ditos "bismarckianos" (Alemanha, França, Bélgica, Países Baixos etc.), por exemplo, o fato de a proteção social estar intimamente ligada ao assalariado, que o seu financiamento se baseie em grande parte em contribuições sociais e que a sua gestão seja, pelo menos em parte, confiada a parceiros sociais, torna delicado qualquer reforço do papel desempenhado pelo sistema fiscal no financiamento dos mecanismos de manutenção de renda. Em toda parte, as particularidades das políticas sociais — em especial o grau de generalidade e generosidade do mecanismo de renda mínima garantida, quando ele existe — e do sistema fiscal — em especial a existência e a extensão dos "créditos tributários" prefixados e das faixas de isenção — afetam de forma significativa a facilidade com que o avanço rumo à renda básica de cidadania poderá tomar forma [Vanderborght, 2004a].

Um imposto negativo familiar

Uma primeira via de transição possível para a renda de cidadania consiste em transformar, num dado país, o mecanismo existente de garantia de renda em imposto negativo sobre a renda global das famílias com um perfil que permanecerá regressivo, mas, em termos líquidos, menos que o mecanismo atual. Já defendida com persistência na Alemanha depois de meados da década de 1980 [Mitschke, 1985], essa idéia surgiu na França no final dos anos 1990 com a roupagem de *"allocation compensatrice de revenu"* (ACR), imaginada por Roger Godino [1999] para suavizar a transição entre a RMI e a atividade assalariada. Nesse espírito, trata-se de remediar o principal defeito da RMI, que, embora permita a redução das desigualdades e da pobreza monetária, contribui para abrir a armadilha da exclusão. Ao contrário desse mecanismo, o ACR é cumulativo com os proventos da atividade profissional, de modo que os que aceitam um emprego, ainda que mal pago, verão necessariamente aumentar a sua renda líquida total.

A proposta de Godino, em essência, leva a uma grande redução das alíquotas marginais efetivas cobradas dos salários dos menos remunerados (cf. gráfico 5). Essa fórmula apresenta uma vantagem política mais importante. Adota o mecanismo existente de renda mínima como ponto de partida, mas reforça-o com a supressão da penalização desmesurada do esforço de inserção profissional realizado por quem tem menos possibilidades de ganho. No contexto francês, uma proposta desse tipo exige a atenção dos que estão ligados à RMI e têm consciência da armadilha de dependência que contribui para criar. Não espanta, portanto, que o ACR tenha sido lembrado em vários relatórios oficiais destinados a alimentar a reflexão sobre o futuro das políticas de emprego [Pisani-Ferry, 2000]. Também figurou no centro das negociações que levaram, em 2001, à adoção, pelo governo Jospin, do bônus pelo emprego (cf. § II.4). Reforma mais modesta, análoga ao

EITC norte-americano, tal "bônus" representa, no entanto, uma etapa importante rumo a um verdadeiro mecanismo de imposto negativo de base familiar, como o ACR [Vanderborght, 2001].

A RMI transformada em imposto negativo

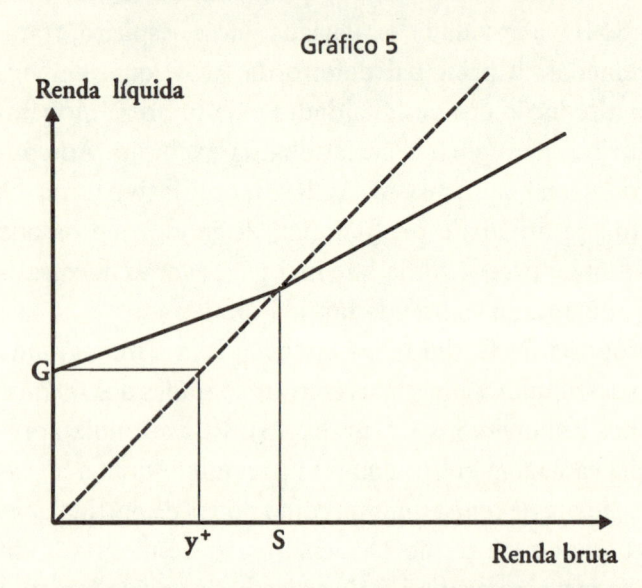

Gráfico 5

Eixo vertical: Renda líquida; eixo horizontal: Renda bruta; pontos marcados: G, y^+, S.

Roger Godino [1999] propôs transformar a RMI em *"allocation compensatrice de revenu"* (abono compensatório de renda, ACR) para facilitar a transição entre inatividade e emprego. No caso de uma pessoa sozinha, o ACR é igual ao montante da RMI paga a uma pessoa sem renda advinda da atividade laboral. Anula-se quando a renda bruta atinge o nível do salário mínimo legal (S) e não mais quando atinge o nível, sensivelmente mais baixo, da renda mínima (y^+ = G). Entre esses dois níveis, o benefício pago decresce numa taxa de 36% a cada euro ganho; o beneficiário perde apenas uma boa fatia do euro do benefício e não a sua integralidade, como na RMI (abstraindo-se a possibilidade de acumulação temporária). Uma comparação entre os gráficos 2 (RMI), 3 (imposto negativo) e 5 (ACR) revela que a criação de um ACR modificará o perfil da RMI, transformando-a num imposto negativo não linear.

Supondo que o mecanismo sugerido por Godino seja implantado, a renda mínima de cidadania não estará muito distante. A princípio, percebe-se que, como observa Thomas Piketty, "do ponto de vista estritamente econômico", o ACR e a renda básica de cidadania são duas medidas "totalmente equivalentes" [1999, p. 28]. Em seguida, logo se descobre a complexidade administrativa inerente a todos os sistemas de imposto negativo, que impõem a verificação da renda e da situação familiar de uma proporção significativa das famílias antes de determinar o valor da transferência a que têm direito (cf. § II.4). O principal obstáculo à passagem para um mecanismo de renda de cidadania puro e simples será, portanto, o custo significativo da individualização das transferências que ele provoca (cf. § III.1).

Um "crédito tributário" individual reembolsável ou transferível

Uma trajetória alternativa seria adotar desde o princípio o ponto de vista estritamente individual, partindo não do sistema de transferências, mas do sistema fiscal. Foram os Países Baixos que mais avançaram nessa direção. Em 1º de janeiro de 2001, o Parlamento holandês de fato aprovou, por iniciativa de um governo de coalizão socialista-liberal, uma grande reforma fiscal. Entre as medidas adotadas em seu âmbito, um crédito tributário individual reembolsável, único no gênero, atraiu especialmente a atenção de alguns defensores holandeses da renda de cidadania, que viram nele o início da implantação de uma verdadeira "renda básica" (*basisinkomen*) [Groot e Van der Veen, 2000].

Antes da reforma, cada contribuinte holandês já se beneficiava de um bônus fiscal que assumia a forma de uma redução prefixada da sua renda tributável. É claro que o valor desse bônus crescia conforme aumentava a alíquota marginal do contribuinte, e portanto o seu nível de renda. O sistema previa igualmente a possibilidade da transferência deste valor entre os dois membros do mesmo casal: aquele ou, mais freqüentemente, aquela que não trabalhasse no circuito formal e, portanto, não pagasse imposto poderia transferir ao parceiro o seu direito à isenção.

Em 2001, uma "redução tributária universal" (*algemene heffingskorting*) veio substituir esse mecanismo de "valor isento". Equivale a um crédito tributário prefixado e individual de 1.800 euros em média, que em nada depende do nível de renda. Trata-se, portanto, dessa vez, de um bônus fiscal uniforme, cujo nível é sensivelmente inferior ao do bônus concedido às rendas mais altas no sistema de isenção anterior. Estas últimas, todavia, beneficiam-se de outros mecanismos da reforma que, em termos globais, mais que compensaram tal perda. Para as rendas mais baixas, o ganho imediato é pequeno, mas não é por isso que a mudança é trivial. A partir de agora, é possível aumentar o valor do crédito tributário sem que isso beneficie de forma desproporcional os mais ricos.

O que faz desse "crédito tributário" universal um passo novo no caminho da renda de cidadania é o seu caráter ao mesmo tempo individual e reembolsável ou transferível. Já que a vantagem fiscal não assume mais a forma de uma redução da renda tributável mas sim de uma redução tributária igual para todos, pode, portanto, traduzir-se por um reembolso quando tal redução excede o imposto devido. No limite, no caso de um cônjuge que prefira ficar em casa, o valor que lhe é pago diretamente pelo Ministério da Fazenda pode ser igual ao valor integral do "crédito tributário" universal. Essa fórmula parece, assim, muito próxima de um mecanismo modestíssimo de imposto de renda negativo individual, sem, contudo, afetar nenhum programa de proteção social. O sistema fiscal fica inteiramente dissociado do sistema de renda mínima garantida: se todos os contribuintes se beneficiam desse "crédito", somente os cônjuges sem emprego de pessoas que trabalham e pagam imposto têm direito ao pagamento do valor do "crédito" universal. Mas têm tal direito — é aí que está o ponto inédito — sem ter de provar de forma alguma que procuram emprego ou exercem alguma atividade de utilidade social.

Durante os debates parlamentares sobre a reforma fiscal de 2001, os deputados ecologistas interpelaram o ministro da Fazenda, o liberal Gerrit Zalm, para saber se o "crédito tributário" universal poderia ser interpretado como um passo rumo à renda básica de cidadania. Bem clara, a sua resposta foi negativa. Mas, num país já dotado de mecanismos universais de transferências familiares, bolsas de estudo e benefícios previdenciários não-contributivos, assim como de um dos mecanismos de renda garantida sujeito a condicionalidades mais generosos do mundo, é difícil não ver aí o princípio do último elo que faltava. Quando dirigia o Centraal Planbureau (Escritório Central de Planejamento), o mesmo Gerrit Zalm se declarara favorável à passagem gradual para a renda de cidadania. Explicara, numa entrevista concedida em 1993, a natureza da primeira etapa nessa direção: a supressão do mecanismo de transferência do "valor isento" entre cônjuges, ou seja, exatamente o que ele realizou em 2001.

> **Quando é melhor para os pobres tributá-los mais do que os ricos**
>
> Quer se trate de um *dividendo social* acompanhado de uma sobretaxa explícita sobre a baixa renda, como proposto por Meade [1988], de um imposto negativo familiar do tipo do *Bürgergeld* de Mitscke [1985] ou do ACR de Godino [1999], de uma *renda básica universal parcial* do tipo proposto pelo WRR [1985], as medidas imaginadas para evitar o custo proibitivo da implantação de uma renda de cidadania "completa" implicam necessariamente um perfil regressivo das alíquotas marginais efetivas da tributação. Um perfil certamente menos regressivo do que o induzido pela RMI e por outros mecanismos convencionais de renda mínima, mas ainda assim claramente mais regressivo que o induzido por um imposto negativo linear à moda Friedman [1962], é a combinação de uma renda básica de cidadania com um imposto de alíquota única estudado a título de ilustração por Atkinson [1995] ou, com mais razão, uma renda básica de cidadania integral financiada por um imposto de renda progressivo: a cada euro ganho quando se ganha pouquíssimo, conserva-se menos *em termos líquidos* do que a cada euro ganho em níveis superiores de renda.
>
> Pode-se encontrar uma justificativa desse perfil regressivo na teoria da tributação ótima [Mirrlees, 1971; Piketty, 1997]. O argumento subjacente pode ser esquematicamente formulado como segue. Para assegurar de forma durável um nível substancial de renda de cidadania, é melhor aceitar uma alíquota marginal efetiva elevada na parte mais baixa da distribuição, onde praticamente todos os contribuintes têm uma parcela de renda — o que garante uma cobrança elevada —, mas pouquíssimos a sua parcela de renda marginal — o que minimiza o impacto sobre os estímulos. Inversamente, é melhor manter uma alíquota marginal efetiva menor nas zonas onde são menos numerosos os contribuintes que têm uma parcela completa de renda e mais numerosos os que têm a sua renda marginal. Segue-se que, se a prioridade é maximizar de forma durável a renda menor, convém tributá-la mais *de forma marginal* do que as rendas líquidas mais elevadas.

UMA IDÉIA DE FUTURO?

Uma renda de cidadania parcial

A etapa seguinte consiste em articular o sistema fiscal e o sistema de transferências adotando uma renda de cidadania dita "parcial", ou seja, inferior ao patamar de subsistência, no lugar desse "crédito tributário" prefixado, gradualmente aumentado, e da primeira faixa de todas as transferências sociais. Essa proposta foi lançada ao debate holandês em meados dos anos 1980 [WRR, 1985; Dekkers e Nooteboom, 1988], numa versão que fixava o nível da renda de cidadania parcial em metade da renda mínima garantida da época para uma pessoa sozinha, permanecendo garantida a complementação de forma condicional pelo mecanismo da assistência social, em nível variável segundo a composição da família e outras circunstâncias.

Um mecanismo assim permite evitar o obstáculo que constituiria, no caso da implantação abrupta de uma renda de cidadania "completa", a explosão dos custos ligados à individualização e à possibilidade de acúmulo integral com a renda do trabalho (cf. § III.1). Por um lado, a própria renda de cidadania é individual, mas não as complementações de renda, estas sujeitas a condicionalidades. Portanto, o controle relativo à residência continua necessário, mas para um número de pessoas menor pois menos expostas à armadilha do desemprego. Por outro lado, a renda de cidadania parcial é integralmente cumulativa com todas as outras fontes de renda, exceto as complementações. Algum risco de cair na armadilha do desemprego permanece, mas claramente menor. É exatamente essa persistência de uma alíquota marginal efetiva de 100% sobre a parcela de renda mais baixa que permite não ter de aumentar de repente as alíquotas sobre o grosso dos salários.

Uma renda de participação

Apesar das vantagens que lhe são inerentes, é possível que a renda de cidadania, ainda que parcial, permaneça excluída da pauta política devido exatamente ao seu caráter incondicional, ou seja, à ausência de qualquer exigência de contrapartida dos seus beneficiários. Os responsáveis políticos, sensíveis a objeções éticas feitas a esse tipo de mecanismo e preocupados em não afastar uma parte importante da opinião pública, poderiam, de fato, recusar-se a levar seriamente em consideração uma proposta que separa de forma tão resoluta os rendimentos e a contribuição produtiva.

Para contornar tal bloqueio, alguns propuseram reduzir por enquanto a incondicionalidade da renda básica individual universal para fazer dela, na expressão utilizada pelo economista britânico Anthony Atkinson [1993, 1996], uma "renda de participação" (cf. § II.5). Nessa hipótese, as pessoas têm acesso a um benefício individual uniforme, cumulativo com qualquer outra fonte de renda, mas somente se exercerem uma atividade socialmente útil em sentido amplo, que inclui empregos assalariados e autônomos em tempo integral ou meio expediente e também atividades não remuneradas de natureza familiar ou associativa.

Uma proposta dessas pode basear-se nas evoluções já em curso no sentido de uma ampliação da idéia de contrapartida das prestações sociais. Assim, desde 1996 os municípios holandeses têm a possibilidade de implantar programas destinados a favorecer a inclusão de pessoas desempregadas há muito tempo por meio de uma atividade voluntária, cuja prática regular pode isentá-las de toda obrigação de procurar emprego [Van Berkel et al., 1999]. No mesmo sentido, os Países Baixos adotaram, em 1999, uma "lei sobre a manutenção da renda dos artistas", concedendo um abono de substituição a pessoas sem emprego cuja atividade seja reconhecida como "artística" por uma instância autorizada. Paralelamente, na Bélgica, uma comissão criada pela Fundação Rei Balduíno propôs transformar o seguro-desemprego em seguro-participação, ampliando o direito de acesso ao benefício, além dos que procuram emprego, aos que exercem regularmente atividades voluntárias consideradas socialmente úteis [Vanderborght e Van Parijs, 2001].

Do modo proposto por Atkinson, a renda de participação consiste em juntar a idéia de uma renda básica individual a essa ampliação da noção de atividade socialmente útil para mais do que o trabalho remunerado. O laço assim mantido com a exigência de uma contrapartida permitiria, sem dúvida, aumentar a factibilidade política da reforma, mas à custa de um certo número de inconvenientes. Se a condição for levada a sério, será preciso de fato colocar em funcionamento mecanismos de controle que provocarão uma pressão sobre os meios disponíveis, a invasão na vida privada e o risco de perverter a atividade "voluntária", ficando as associações que a utilizam encarregadas, a partir daí, da desagradável função policial de controlar a assiduidade dos seus colaboradores. Além disso, a dificuldade de distinguir o que representa atividade artística autêntica, considerada socialmente útil, do que representa um artesanato amador, que tem no máximo interesse estritamente privado, ilustra a dificuldade mais geral de determinar uma separação não arbitrária entre o socialmente útil e o resto, a partir do momento que se renuncia a utilizar como critério o fato de que um empregador privado ou público se dispõe a remunerar a atividade. Enfim, como ilustra novamente o caso dos artistas, a aptidão para desenvolver uma atividade não remunerada por si só gratificante e que seja suscetível de satisfazer às condições administrativas de "participação" arrisca-se a ser distribuída de forma pelo menos tão desigual quanto o poder de ganho em função do nível de instrução das pessoas.

Uma renda de participação para os jovens?

Há boas razões para considerar ao mesmo tempo desejável e provável a evolução da renda de participação rumo a uma verdadeira renda de cidadania para a parte da população na qual todo tipo de paternalismo seria inadequado. Por outro lado, é legítimo perguntar se essa condição de participação, devidamente circunscrita, não é viável — e até justificável em nome da liberdade real de todos — para os mais jovens.

Afinal de contas, em numerosos países, o direito a prestações familiares para os filhos menores é acoplado à obrigação de freqüentar a escola, enquanto o financiamento público dos estudos superiores e as bolsas de estudo concedidas aos estudantes maiores de idade estão necessariamente associados à busca de uma formação. Os que interrompem os estudos mais cedo e, assim, têm mais possibilidade de pertencer a uma categoria social menos favorecida — tanto na origem quanto no destino — beneficiam-se menos que os outros de programas desse tipo. Uma renda básica para os adultos jovens viria, em boa medida, universalizar o financiamento hoje reservado aos estudantes para além dos únicos privilegiados. Mas não seria absurdo condicioná-la, segundo modalidades que poderão variar, à prática de uma atividade formadora em sentido amplo.

No que diz respeito aos menores de idade, a renda básica de cidadania assume, sem problemas, a forma do direito ao ensino gratuito e a benefícios familiares acoplados à escolaridade. No caso dos adultos jovens, ela poderia assim admitir uma condicionalidade mais leve e mais básica, mas procedente de uma preocupação análoga, para garantir aos apreensivos que

UMA IDÉIA DE FUTURO?

> muitos deles não venham a aceitar uma situação modesta mas confortável, contentando-se com uma moradia dividida e com algum biscate ocasional como autônomo ou trabalhador não registrado, para descobrir, tarde demais, que para criar decentemente uma família deveriam ter se esforçado para formar-se mais cedo [Bovenberg e Van der Ploeg, 1995].

Por todas essas razões, há boas chances de que uma renda de participação modesta, uma vez adotada, evolua rapidamente para uma verdadeira renda de cidadania. De imediato, contudo, pode ser que ela componha uma etapa obrigatória: "Uma renda de participação desse tipo constitui uma maneira realista para que os governos europeus possam se convencer de que a renda de cidadania oferece melhores perspectivas de progresso do que o beco sem saída da assistência social com mecanismos de comprovação de renda" [Atkinson, 1998]. Frank Vandenbroucke, ministro federal belga dos Assuntos Sociais (1999-2003) e autor de uma tese de doutorado sobre a justiça social que abre espaço para a justificação teórica de uma renda incondicional modesta [Vandenbroucke, 2001], vai no mesmo sentido: uma renda de cidadania combinada a uma condição flexível de participação "talvez seja a via da sabedoria política" [Vandenbroucke, 1997].

4. AVANÇOS INÉDITOS

Modelos alternativos

Os caminhos para a renda básica de cidadania anteriormente examinados baseiam-se numa reforma integrada do sistema de transferências sociais e do imposto sobre pessoas físicas. Mas nada impede que reflitamos sobre uma trajetória radicalmente diferente que acrescentaria ao sistema existente de tributos e transferências um abono financiado de forma independente. É de um modelo desse tipo que deriva o dividendo recebido por todos os moradores do estado do Alasca sobre o rendimento de um fundo constituído a partir da exploração do petróleo (cf. § I.4 e § II.2). É notável que alguns dos que exprimem a mais firme oposição ética à incondicionalidade do abono universal tendam a aceitar a legitimidade quando ela é financiada dessa forma [Anderson, 2001].

Esse modelo é generalizável? Não há dúvida que, outras regiões do mundo onde a situação é análoga, como a Noruega ou a província canadense de Alberta, não fizeram a mesma opção que o Alasca. Mas o modelo do dividendo inspirou várias propostas relativas a outros países que dispõem de recursos petrolíferos importantes. Assim, a idéia de implantar um sistema análogo no Iraque foi defendida na primavera de 2003 por vários membros do Congresso norte-americano [Clemons, 2003]. Em junho de 2003, chegou a ser tema de uma pesquisa junto ao eleitorado americano, que se declarou a seu favor numa proporção de 59% contra 23%. Um plano análogo relativo à Nigéria foi apresentado, analisado e defendido numa publicação técnica de Sala-i-Martin, economista da Universidade de Colúmbia, e de um pesquisador do Fundo Monetário Internacional [Sala-i-Martin e Subramanian, 2003].

É claro que se pode conceber a extensão desse modelo a outros recursos naturais que não o petróleo. Entre eles está a capacidade da atmosfera de absorver a poluição. Em vez de distribuir gratuitamente, em função dos níveis de poluição aprovados, as permissões de poluir concedidas à União Européia no âmbito do Protocolo de Kyoto, pode-se conceber a sua venda aos que ofereçam mais, com a receita distribuída igualmente a todos sob a forma de uma renda de cidadania. Esse tipo de consideração contribui para motivar propostas de renda básica de cidadania financiada por um tributo sobre o consumo de energia. Além da contribuição para o esgotamento de um recurso raro e para a saturação da capacidade global de absorção da atmosfera, tal consumo produz também externalidades negativas locais de outra ordem suportadas de forma mais ou menos uniforme pelo conjunto da população, o que constitui uma terceira razão, logicamente independente das duas primeiras, para privilegiar o conteúdo de energia do consumo como fonte de financiamento de uma renda básica de cidadania [Robertson, 1994; Genet e Van Parijs, 1992].

Enfim, a partir de um imposto desse tipo sobre o consumo de energia não se fica muito longe de um imposto sobre o valor agregado, às vezes defendido com vigor, por exemplo, por Roland Duchâtelet, na Bélgica, e Pieter Leroux, na África do Sul, como forma mais apropriada de financiamento da renda de cidadania do que o imposto de renda das pessoas físicas, que com freqüência se torna regressivo com os diversos tratamentos especiais e isenções. Por razões que variam entre os países, o principal argumento é que um imposto desse tipo permite um financiamento sensivelmente maior que o imposto de renda, que pesa principalmente sobre a remuneração do trabalho. Em certo sentido, uma renda básica de cidadania bem modesta é um correlato natural de todos os tributos sobre valor agregado cobrados seja com que fim for: fixada no nível do patamar de pobreza multiplicado pela alíquota do tributo — com um patamar de pobreza de quinhentos euros por pessoa/mês e um IVA de 20%, teríamos uma renda básica de cem euros mensais — seria o equivalente perfeito, no caso de um imposto indireto, da isenção de imposto direto das faixas de renda situadas abaixo do patamar de pobreza e garantiria que os que já são pobres não o fiquem ainda mais, empobrecidos por uma sangria fiscal. Quer se trate da Europa, quer da África do Sul, as propostas apresentadas vão, no entanto, muito além disso (na proporção das suas respectivas rendas médias), já que visam a elevar consideravelmente as alíquotas atuais do IVA, com intuito específico de financiar uma renda de cidadania.

> ### Renda básica de cidadania e imigração
>
> Uma renda de cidadania generosa é compatível, hoje em dia, com fronteiras abertas? Claro que não. Mas nisso não há nada específico à renda de cidadania. Todos os mecanismos de renda mínima sujeita a condicionalidades ou de subsídio aos empregos pouco qualificados são também vulneráveis a uma imigração seletiva que lhes comprometerá rapidamente a validade. Enquanto a desigualdade das condições de vida conservar, em escala mundial, a extensão que tem hoje, continuará a existir um conflito cruel entre a exigência de solidariedade para com os que batem à nossa porta e a exigência de solidariedade para com os mais vulneráveis dentro da nossa população. São estes, na verdade, que mais sofrem com o desmoronamento dos sistemas nacionais de proteção social, conseqüência inevitável de uma abertura sem restrições, quer esses sistemas incorporem ou não uma renda básica de cidadania.
>
> Com portas entreabertas ou francamente abertas somente para uma pequena parte da população mundial, a renda de

UMA IDÉIA DE FUTURO?

cidadania é viável. Mas, como no caso de todos os outros mecanismos gerais de proteção social, ela o será ainda mais se o país em questão puder desencorajar a imigração seletiva de beneficiários líquidos, impondo, por exemplo, períodos de espera, e bloquear a emigração seletiva de contribuintes líquidos, alimentando, por exemplo, uma forma de patriotismo em torno do projeto nacional de solidariedade. Como todos os outros mecanismos de proteção social, será mais viável tão mais elevada seja a escala em que se organizar, limitando aí a concorrência fiscal e social à qual os seus componentes estariam, de outro modo, submetidos.

A renda básica de cidadania não provoca, então, em face da imigração, nenhuma dificuldade específica? Quando os imigrantes constituem uma proporção significativa da população, sua inserção adequada na sociedade receptora é importante para tornar sustentável uma solidariedade generosa tanto no plano econômico — evitando o inchaço e a perpetuação, no decorrer de gerações, de vastos bolsões de pessoas difíceis de integrar ao sistema produtivo — quanto no plano político — evitando a erosão dos sentimentos de solidariedade que envolvem toda a população. Como modalidade flexibilizada de Estado Social ativo (cf. § IV.2), pode-se esperar da renda de cidadania que tenha melhor resultado nesse aspecto do que os mecanismos que criam armadilhas de dependência, mas bem menos que as modalidades mais vigorosas ou coercitivas. Em especial nos casos em que o desconhecimento da língua do país de destino e a formação de guetos residenciais e escolares corre o risco de criar um círculo vicioso de exclusão, é perfeitamente concebível, no mesmo espírito da renda de participação para adultos jovens (cf. § IV.3), condicionar o direito à renda de cidadania a um percurso que permita aos recém-chegados adquirir um conhecimento suficiente da língua do país receptor.

Um eurodividendo?

Vários desses modelos alternativos de financiamento são de difícil implantação em escala nacional. Assim, na Europa a fixação das alíquotas do IVA são muito restringidas pela legislação da União Européia, e será difícil para um país vender permissões de poluir às suas empresas se os vizinhos as distribuem gratuitamente. Por essa razão, tais modelos ganham pertinência à medida que a escala prevista aumenta. Além disso, permitem contornar o obstáculo que representa, em todas as fórmulas transnacionais de renda básica de cidadania, a grande e delicada diversidade dos regimes tributários sobre a renda das pessoas físicas, inclusive quanto à forma como cada país define a própria noção de renda tributável. Assim, não surpreende que o exame dos modelos alternativos de financiamento siga de mãos dadas com a reflexão sobre a possibilidade de uma renda de cidadania supranacional.

Enquanto se multiplicam as apologias a uma Europa mais social, não é absurdo refletir sobre o modo de organizar uma forma de proteção mínima em escala continental. Assim, Philippe Schmitter e Michael Bauer [2001] propuseram a adoção progressiva de um *eurostipendium* direcionado aos europeus mais pobres. A seus olhos, as dificuldades múltiplas geradas pela política agrícola comum e pela gestão dos fundos estruturais tornam extremamente desejável uma redistribuição dos fundos dedicados à manutenção da renda na União Européia. Sugerem pagar anualmente a quantia de mil euros a cada cidadão europeu cuja renda seja inferior a um terço da renda anual média dentro da União, ou seja, por volta de 5.200 euros (nos 15 países-membros da União Européia em 2001). Um mecanismo desse tipo padece de vícios estruturais claros que, em princípio, seria possível eliminar levando-o na direção de um imposto negativo. Mas as grandes diferenças entre sistemas tributários e sociais nacionais tornam essa via muito problemática.

Uma solução mais radical mas ainda assim mais realista consiste em implantar, a princípio, uma renda básica de cidadania em nível da União Européia num volume que possa ser ajustado em função do custo de vida de cada um dos Estados-membros. Tal "eurodividendo" poderia, por exemplo, chegar a mil euros líquidos por ano nos países mais ricos e ser menor nos outros. Com o tempo, uma convergência para cima se efetuaria por si só, à medida que se aproximassem os níveis de preços e de renda [Van Parijs e Vanderborght, 2001]. Mesmo neste nível tão baixo, um eurodividendo não poderia, contudo, ser inteiramente financiado através de uma reorientação de parte das despesas agrícolas e dos fundos estruturais. Um modo natural de completar esse financiamento seria redirecionar uma parte do IVA repassado à União.

Mais inovador ainda seria o recurso ao financiamento por meio de um tributo europeu sobre a energia poluente correspondente a uma avaliação do custo ambiental do seu uso. Uma abordagem desse tipo permitiria financiar hoje uma renda de cidadania da ordem de 1.500 euros por ano [Genet e Van Parijs, 1992]. Organizado em nível europeu, o financiamento pela venda de permissões de poluir estaria inserido, de forma mais modesta, no mesmo ponto de vista. Em cada caso, a articulação entre os sistemas nacionais muito diversificados de imposto de renda e benefícios sociais não é nada problemática: cada país continua a se organizar à vontade, levando em conta a base modesta assim introduzida por baixo do conjunto das suas instituições redistributivas nacionais mais finamente ajustadas, incluindo, por exemplo, uma renda de participação nacional financiada por um imposto sobre a renda.

O eurodividendo poderia, assim, servir de modelo e abrir caminho para um dividendo pago a todos os cidadãos do mundo. O fato de um e outro serem utópicos hoje em dia não torna menos urgente examinar-lhes as promessas e dificuldades. É imaginando e balizando trajetórias coerentes desde agora que será possível amanhã aproveitar as ocasiões de se aventurar por elas.

Conclusão

A renda básica de cidadania é uma idéia nova? Tem pelo menos dois séculos, mas o fato de ser levada a sério é relativamente recente.

É uma idéia plural? É extremamente simples, mas as suas variantes podem diferir entre si de forma mais profunda do que se distanciam de idéias próximas embora distintas.

É uma idéia justa? Se a justiça é ao mesmo tempo questão de igualdade e questão de liberdade, é difícil não prestar atenção à idéia de pagar a cada um uma renda incondicional igual que permita um mínimo de liberdade econômica. Mas, para defender tal pressuposto contra as múltiplas objeções que lhe podem ser feitas, é importante perscrutar a natureza exata do ideal evocado e, ao mesmo tempo, explicitar as hipóteses factuais que fazem da renda de cidadania o instrumento de luta contra a pobreza e o desemprego que esse ideal exige.

É uma idéia de futuro? Tanto nos países que já dispõem de uma forma de renda mínima garantida quanto nos outros, diversas reformas, quer simplesmente demandadas por organismos mais ou menos importantes, quer seriamente previstas pelos ocupantes do poder, às vezes até já postas em prática, apontam com mais ou menos clareza nessa direção.

Terminarão por levar à implantação de uma verdadeira renda de cidadania numa nação e depois à sua generalização em nível mais alto? Isso dependerá em parte do esforço intelectual ao qual este livro convida seus leitores: o esforço de compreender, sem servilismo nem falsos ataques, o que é a renda de cidadania e quais podem ser as razões para abraçá-la ou condená-la. Dependerá também do esforço político que esse esforço intelectual é capaz de deflagrar, encorajar, orientar. Nem num sentido nem no outro o combate foi vencido por antecedência. Não há de fazer mal tentar influenciar a questão com uma reflexão lúcida sobre o que as ciências sociais nos ensinam e sobre o que a justiça exige.

Como antes o sufrágio universal, não será em um só dia que a renda básica de cidadania se transformará de fantasia de excêntricos em realidade para todos.

Referências bibliográficas

O leitor encontrará no site da Basic Income Earth Network (Bien, *www.basicincome.org*), na internet, numerosas informações e referências relativas à renda básica de cidadania, assim como o endereço de redes nacionais formadas em torno da idéia. A Bien edita um boletim quinzenal em inglês que pode ser obtido escrevendo-se para *bien@basicincome.org*.

Alguns livros introdutórios recentes sobre a renda básica de cidadania: em francês, Leleux [1998] e Blais [2001]; em alemão, Füllsack [2002]; em inglês, Fitzpatrick [1999]; em espanhol, Raventos [1999] e Pinilla [2004]; em português, Suplicy [2002]; em italiano, Del Bo [2004].

Sobre a história, as formas e as reformas dos sistemas de previdência e assistência: Esping-Andersen [1990], Castel [1995], Milano [1995], Merrien [1997], Daniel e Palier [2001].

Sobre a pré-história e a história intelectual da renda básica de cidadania: Van Trier [1995], Cunliffe e Erreygers [2001], Cunliffe, Erreygers e Van Trier [2003] e, sobretudo, Cunliffe e Erreygers [2004].

Para uma visão geral da discussão internacional sobre a renda básica de cidadania: Van Parijs [1992], Van der Veen e Groot [2000], Van Parijs *et al.* [2001], Dowding *et al.* [2003], Standing [2004], Wright [2004].

ACKERMAN, B. e ALSTOTT, A., *The Stakeholder Society*. New Haven: Yale University Press, 1999.

ALASKA PERMANENT FUND CORPORATION. "Wealth Management: A comparison of the Alaska permanent fund and other oil-generated savings accounts around the world". *The Trustee Papers*, vol. 5, abril de 1988.

ALPEROVITZ, G. "Distributing our Technological Inheritance". *Technology Review*, vol. 97, pp. 31-6, 1994.

ALSTOTT, A. "Good for women". Em VAN PARIJS, P. *et al. What's Wrong with a Free Lunch?* Boston: Beacon Press, 2001, pp. 75-9.

ANDERSON, E. "Optional Freedoms". Em VAN PARIJS, P. *et al. What's Wrong With a Free Lunch?* Boston: Beacon Press, 2001, p. 70-4.

ARNSPERGER, C. e VAN PARIJS, P. *Éthique économique et sociale*, Paris: La Découverte, "Repères", 2000.

ATKINSON, A. B. "On Targeting Social Security: Theory and western experience with family benefits". *STICERD Working Paper* WSP/99, 1993.

———. "Participation Income". *Citizen's Income Bulletin*, vol. 16, 1993, pp. 7-11.

———. *Public Economics in Action: The basic income/flat tax proposal.* Oxford: Clarendon Press, 1995.

———. "The Case for a Participation Income". *The Political Quarterly*, vol. 67, 1996, pp. 67-70.

———. *Poverty in Europe.* Oxford: Blackwell, 1998.

BARREZ, D. "Tien frank per dag voor iedereen". *De Morgen*, 22 de dezembro de 1999.

BARRY, B. "Justice, Freedom, and Basic Income". Em Siebert, H. (org.) *The Ethical Foundations of the Market Economy: International workshop.* Tübingen: J.C.B. Mohr/Ann Arbor, University of Michigan Press, 1994, pp. 61-89.

———. "Real Freedom and Basic Income". *Journal of Political Philosophy*, vol. 5, 1996, pp. 242-76.

BELLAMY, E. [1888], *Looking Backward, 2000-1887.* Harmondsworth: Penguin, 1983.

BELORGEY, J.-M. (org.) *Minima sociaux, revenus d'activité, précarité.* Paris: Commissariat Général du Plan/La Documentation Française, 2000.

BERKEL, R. (VAN) *et al. Met z'n allen zwijgen in de woestijn. Een onderzoek naar het basisinkomen binnen de Voedingsbond FNV.* Universiteit Utrecht: Vakgroep Algemene Sociale Wetenschappen, 1993.

BERKEL, R. (VAN), COENEN, H. e DEKKER, A. "Regulating the Unemployed: from protection to participation". Em LIND, J. e HORNEMMAN MÖLLER, I. (orgs.). *Inclusion and Exclusion*, Aldershot: Ashgate, 1999, pp. 89-109.

BERNARD, M. e CHARTRAND, M. *Manifeste pour un revenu de citoyenneté.* Montréal: Éditions du Renouveau Québécois, 1999.

BLAIS, F. "Loisir, travail et réciprocité. Une justification 'rawlsienne' de l'allocation universelle est-elle possible?". *Loisir et Société*, vol. 22, 1999, pp. 337-53.

———. *Un revenu garanti pour tous. Introduction aux principes de l'allocation universelle.* Montréal: Boréal, 2001.

REFERÊNCIAS BIBLIOGRÁFICAS

BLOCK, F. e SOMERS, M. "In the shadow of speenhamland: Social policy and the old poor law". *USBIG Discussion paper*, n° 003, 2001.

BONTOUT, O. "L'*Earned income tax crédit*, un crédit d'impôt ciblé sur les foyers de salariés modestes aux États-Unis". *Économie et Statistique*, n° 335, maio de 2000, pp. 27-46.

BOURDIEU, P. "Le mouvement des chômeurs, un miracle social". Em BOURDIEU, P. *ContreFeux 2*. Paris: Liber-Raisons d'Agir, 1998, pp. 102-4.

BOUTIN, C. *Pour sortir de l'isolement. Un nouveau projet de société*. Paris: Services du Premier Ministre, 2003.

BOVENBERG, L. e PLOEG, R. (Van der) "Het basisinkomen is een utopie". *Economisch-Statistische Berichten*, n° 3995, fevereiro de 1995, pp. 100-4.

BRESSON, Y. *L'après-salarial. Une nouvelle approche de l'économie*. Paris: Economica, 1984.

——. *Le partage du temps et des revenus*. Paris: Economica, 1994.

——. "Il faut libérer le travail du carcan de l'emploi". *Le Monde*, 16 de março de 1999.

——. *Le revenu d'existence où la métamorphose de l'être social*. Paris: L'Esprit Frappeur, 1987.

BUCHELE, H. S. J. e WOHLGENANNT, I., *Grundeinkommen ohne Arbeit*. Viena: Europaverlag, 1985.

CAILLÉ, A. (org.) *Du revenu social: au-delà de l'aide, la citoyenneté?*. Paris: Bulletin du Mauss, n° 23, 1987.

——. (org.) *Vers un revenu inconditionnel?*. Paris. Revue du Mauss semestral n° 7/La Découverte, 1996.

——. *Temps choisi et revenu de citoyenneté. Au-delà du salariat universel*. Caiena/Paris: Démosthène/Mauss, 1994.

CAILLÉ, A. e INSEL, A. "Notes sur le revenu minimum inconditionnel garanti". Em CAILLÉ, A. (org.) *Vers un revenu minimum inconditionnel?*. Paris, Revue du MAUSS semestral n° 7/La Découverte, 1996, p. 158-68.

CASTEL, R. *Les métamorphoses de la question sociale. Une chronique du salariat*. Paris: Fayard, 1995.

CHARLIER, J. *Solution du problème social ou constitution humanitaire*. Bruxelas, 1848, em todas as bibliotecas do Reino.

——. *La question sociale résolue, précédée du testament philosophique d'un penseur*. Bruxelas: Weissenbruch, 1894.

CLARK, C. M. A. *The Basic Income Guarantee. Ensuring progress and prosperity in the 21st Century*. Dublin: The Liffey Press/Cori Justice Commission, 2002.

CLEMONS, S. "Sharing, Alaska-style". *The New York Times*, 9 de abril de 2003.
CLERC, D. "L'idée d'un revenu d'existence: une idée séduisante et... dangereuse". Em FITOUSSI, J.-P. e SAVIDAN, D. (orgs.) "Les inégalités". *Comprendre. Revue de Philosophie et de Sciences Sociales*, n° 4, 2003, pp. 201-207.
COLE, G. D. H. *The Next ten Years in British Social and Economic Policy*. Londres: Macmillan, 1929.
——. *Principles of Economic Planning*. Londres: Macmillan, 1935.
——. *A History of Socialist Thought*. Londres: Macmillan, 1953.
COLLECTIF CHARLES FOURIER. "L'allocation universelle". *La Revue Nouvelle*, vol. 81, 1985, pp. 345-51.
CONDORCET, Marquês de [1795], *Esquisse d'un tableau historique des progrès de l'esprit humain*. Paris: Garnier-Flammarion, 1988.
CONSIDÉRANT, V. *Exposition abrégée du système Phalanstérien de Fourier*. Paris: Librairie Sociétaire, 1845.
COURNOT, A. [1838], *Recherches sur les principes mathématiques de la théorie des richesses*. Paris: Vrin, 1980.
CROTTY, R. *Ireland in Crisis. A study in capitalist colonial development*. Dingle: Brandon, 1986.
CUNLIFFE, J. e ERREYGERS, G. "The Enigmatic Legacy of Charles Fourier: Joseph Charlier and basic income". *History of Political Economy*, vol. 33, 2001, pp. 459-84.
CUNLIFFE, J., ERREYGERS, G. e TRIER, W. (Van) "Basic Income: Pedigree and problems". Em REEVE, A. e WILLIAMS, A. (orgs.). *Real libertarianism assessed: Political Theory after Van Parijs*. Basingstoke: Palgrave Macmillan, 2003, pp. 15-28.
CUNLIFFE, J. e ERREYGERS, G. (orgs.) *The Origins of Universal Grants. An anthology of historical writings on basic capital and basic income*. Basingstoke: Palgrave Macmillan, 2004.
DANIEL, C. e PALIER, B. (orgs.). *La protection sociale en Europe: le temps des réformes*. Paris: La Documentation Française/ DREES, 2001.
DAVIDSON, M. "Liberale grondrechten en milieu. Het recht op milieugebruiksruimte als grondslag van een basisinkomen". *Milieu*, vol. 5, 1995, p. 246-9.
DEKKERS, J. M. e NOOTEBOOM, B. *Het gedeeltelijk basisinkomen, de hervorming van de jaren negentig*. La Haye: Stichting Maatschappij en Onderneming, 1988.
DEL BO, C. *Un reddito per tutti. Un'introduzione al basic income*. Côme-Pavie: Ibis, 2004.
DELVAUX, B. e CAPPI, R. *Les allocataires sociaux confrontés aux pièges*

financiers: analyse des situations et des comportements. Louvain: Université Catholique de Louvain, Ires, 1990.

DORE, R. "Dignity and Deprivation". Em VAN PARIJS, P. *et al. What's Wrong with a Free Lunch?*. Boston: Beacon Press, 2001, pp. 80-4.

DOUGLAS, C. H. *Social credit*. Londres: Eyre & Spottiswoode, 1924.

DOWDING, K., DE WISPELAERE, J. e WHITE, S. (orgs.). *The Ethics of Stakeholding*. Basingstoke: Palgrave, 2003.

DUBOIN, J. *La grande relève des hommes par la machine*. Paris: Fustier, 1932.

———. *Le socialisme distributiste*. Paris: L'Harmattan (apresentação e seleção de textos de Jean-Paul Lambert), 1998.

DUBOIN, M.-L. "Guaranteed Income as an inheritance". Em MILLER, A. G. (org.). *Proceedings of the First International Conference on Basic Income*. Londres: Birg/Anvers, Bien, 1988, p. 134-45.

DUCHÂTELET, R. "An Economic Model for Europe Based on Consumption Financing on the Tax Side and the Basic income Principle on the Redistribution Side", artigo apresentado no Congresso da Bien. Londres, setembro de 1994.

ELSTER, J. "Comment on Van der Veen and Van Parijs". *Theory and Society*, vol. 15, 1986, pp. 709-21.

ENGELS, W., MITSCHKE, I. e STARKLOFF, B. *Staatsbürgersteuer*. Wiesbaden: Karl Bräuer-Institut, 1973.

ESPING-ANDERSEN, G. *The Three Worlds of Welfare Capitalism*. Princeton: Princeton University Press., 1990. Tradução francesa: *Les Trois Mondes de l'État-providence*. Paris: PUF, 1999.

EYDOUX, A. e SILVERA, R. "De l'allocation universelle au salaire maternel: il n'y a qu'un pas... à ne pas franchir". Em COUTROT, T. e RAMAUX, C. (orgs.). *Le bel avenir du contrat de travail*. Paris: Syros, 2000, pp. 41-60.

FERRY, J.-M. *L'allocation universelle. Pour un revenu de citoyenneté*. Paris: Cerf, 1995.

———. *La question de l'État européen*. Paris: Gallimard, 2000.

FITZPATRICK, T. *Freedom and Security. An introduction to the basic income debate*. Londres: Macmillan, 1999.

FOURIER, C. [1836], *La fausse industrie*. Paris: Anthropos, 1967.

FRANKMAN, M. J. "Le revenu universel. Un antidote à l'apartheid global". *Agone. Philosophie, Critique et Littérature*, vol. 21, 1999, pp. 105-18.

———. *World Democratic Federalism. Peace and justice indivisible*. Londres: Palgrave, 2004.

FRIEDMAN, M. *Capitalism and Freedom*. Chicago: University of Chicago Press, 1962. Tradução francesa. *Capitalisme et Liberté*. Paris: Laffont, 1971.

――. "The Case for the Negative Income Tax: a view from the right". Em BUNZEL, J. H. (org.). *Issues of american public policy*. Englewood, 1968, pp. 111-20.

FÜLLSACK, M. *Leben ohne zu arbeiten? Zur Sozialtheorie des Grundeinkommens*. Berlim: Avinus-Verlag, 2002.

FUMAGALLI, A. e LAZZAROTTO, M. (orgs.) *Tutte bianche. Disoccupazione di massa e reddito di cittadinanza*. Roma: Derive Approdi, 1999.

GEFFROY, L. *Garantir le revenu. Histoire et actualité d'une utopie concrète*. Paris: La Découverte/ Mauss, 2002.

GENET, M. e VAN PARIJS, P. "Eurogrant". *Basic Income Research Group Bulletin*, vol. 15, 1992, pp. 4-7.

GEORGE, H. [1879], *Progress and Poverty*. Londres: The Hogarth Press, 1953. Tradução francesa: *Progrès et pauvreté*. Bruxelas: Ligue pour la Réforme Foncière, 1925.

GILAIN, B. e VAN PARIJS, P. "L'allocation universelle: un scénario de court terme et son impact distributif". *Revue belge de sécurité sociale*, 1º semestre, 1996, pp. 5-80.

GIRALDO, J. (org.) *La renta básica, más allá de la sociedad salarial*. Medellín: Ediciones Escuela Nacional Sindical, 2003.

GODINO, R. *et al. Pour une réforme du RMI*. Notes de la Fondation Saint-Simon, vol. 104, fevereiro de 1999.

GOLDSMITH, S. "The Alaska Permanent Fund Dividend: An experiment in wealth distribution". Em STANDING, G. (org.). *Promoting income security as a right: Europe and North America*. Londres: Anthem Press, 2004, pp. 549-61.

GOODMAN, P. e GOODMAN, P. *Communitas: Means of Livelihood and Ways of Life*. Chicago: Chicago University Press, 1947 (Nova York: Random House, 1960).

GORZ, A. *Les chemins du paradis. L'agonie du capital*. Paris: Galilée, 1983.

――. "Allocation universelle: version de droite et version de gauche". *La Revue Nouvelle*, vol. 81, 1985, pp. 419-28.

――. *Misères du présent, Richesse du possible*. Paris: Galilée, 1997.

GREFFE, X. *L'Impôt des pauvres. Nouvelle stratégie de politique sociale*. Paris: Dunod, 1978.

GROOT, L. e VAN DER VEEN, R. "Clues and Leads in the Debate on Basic Income in the Netherlands". Em VAN DER VEEN, R. e GROOT, L. (orgs.). *Basic income on the agenda*. Amsterdam, Amsterdam University Press, 2000, pp. 197-223.

GUILLOTEAU, L. e REVEL, J. (orgs.) "Revenu garanti pour tous". Dossiê em *Vacarme*, vol. 9, outono de 1999, pp. 9-22.

REFERÊNCIAS BIBLIOGRÁFICAS

HANDLER, J. F. *Social Citizenship and Workfare in the United States and Western Europe. The paradox of inclusion*. Cambridge: Cambridge University Press, 2004.

HUBER, J. *Vollgeld. Beschäftigung, Grundsicherung und weniger Staatsquote durch eine modernisierte Geldordnung*. Berlim: Duncker/Humblot, 1998.

HUBER, J. e ROBERTSON, J. *Creating new Money. A Monetary reform for the information age*. Londres: New Economics Foundation, 2000.

HUET, F. *Le règne social du christianisme*. Paris/Bruxelas: Firmin Didot, Decq, 1853.

JACQUET, L. *Optimal Redistribution when Stigma Matters*. Louvain: Université Catholique de Louvain, 2003, tese de doutorado em ciências econômicas.

JOIN-LAMBERT, M.-T. *Chômage: mesures d'urgence et minima sociaux. Problèmes soulevés par les mouvements de chômeurs en France*. Paris: La Documentation Française, 1998.

JORDAN, B. *Paupers. The Making of the New Claiming class*. Londres: Routledge/Kegan Paul, 1973.

JORDAN, B. *et al. Trapped in Poverty? labour-market decisions in low-income households*. Londres: Routledge, 1992.

KAUS, M. *The End of Equality*. Nova York: Basic Books, 1992.

KOOISTRA, P. *Het ideale eigenbelang, Een UNO Marshallplan voor alle mensen*. Kampen: Kok Agora, 1994.

KRAUSE-JUNK, G. "Probleme einer Intégration von Einkommensbesteuerung und steuerfinanzierten Sozialleistungen". *Wirtschaftsdienst*, vol. 7, 1996, pp. 345-9.

KREBS, A. "Why Mothers Should be Fed". Em KREBS A. (org.). *Basic Income? A symposium on Van Parijs*. Número especial de *Analyse & Kritik*, vol. 22, 2000, pp. 155-78.

KUIPER, J. P. "Arbeid en Inkomen: twee plichten en twee rechten", *Sociaal Maandblad Arbeid*, vol. 9, 1976, pp. 503-12.

LE GRAND, J. *Motivation, Agency and Public Policy*. Oxford: Oxford University Press, 2003.

LEGENDRE, F. *et al*. "La prime pour l'emploi constitue-t-elle un instrument de soutien aux bas revenus?". *Revue de l'OFCE*, n° 88, 2004, pp. 43-58.

LEIPERT, C. e OPIELKA, M. *Child-care Salary 2000. A Way to Upgrade Childcare Work*. Fribourg: Deutscher Arbeitskreis fur Familienhilfe, 1999.

LELEUX, C. *Travail ou revenu? Pour un revenu inconditionnel*. Paris: Cerf, 1998.

LENKOWSKY, L. *Politics, Economics, and Welfare Reform. The failure of the negative income Tax in Britain and the United States.* Nova York: University Press of America, 1986.

LERNER, A. P. *Economics of Control. Principles of welfare economics.* Nova York: Macmillan, 1944.

MALTHUS, T. [1898], *An Essay on the Principle of Population.* Tradução francesa: *Essai sur le principe de population.* Paris: Gonthier, 1963.

MARC, A. "Redécouverte du minimum vital garanti". *L'Europe en formation,* n° 143, 1972, pp. 19-25.

MARX, K. [1875], *Critique du programme de Gotha.* Em MARX, K. *Œuvres.* Paris: Gallimard, "Pléiade", 1963-1968.

MCKAY, A. *Arguing for a Citizens Basic Income. A contribution from a feminist economics perspective.* University of Nottigham, 2000, tese de doutorado em ciências econômicas.

——. "Rethinking Work and Income Maintenance Policy: Promoting gender equality through a citizens basic income". *Feminist Economics,* vol. 7, 2001, pp. 93-114.

MEADE, J. E. "Outline of an Economic Policy for a Labour Government", em Howson, S. (org.), *The collected papers of james meade,* volume 1: *Employment and Inflation,* Londres, Unwin Hyman Ltd., 1988.

——. *Agathotopia: The Economics of Partnership.* Aberdeen: Aberdeen University Press, 1989.

——. *Liberty, Equality and Efficiency.* Londres: Macmillan, 1993.

——. *Full Employment Regained?.* Cambridge: Cambridge University Press, 1995. Tradução francesa: *Retour au plein-emploi.* Paris: Economica, 1996.

MEYER, N. et al. *Revolt from the center.* Londres: Marion Boyars, 1978.

MILANO, S. *Le revenu minimum garanti dans la CEE.* 2ª ed. Paris: PUF, "Que sais-je?", 1995.

MILLER, A. G. *In Praise of Social Dividends.* Edimburgo: Heriot-Watt University, Department of Economics, 1983, artigo para estudo, 83.1.

——. "Basic Income and Women". Em MILLER, A. G. (org.). *Basic income and problems of implementation: Proceedings of the First International Conference on Basic Income.* Anvers, Bien, 1988, pp. 11-23.

MILNER, D. *Higher Production by a Bonus on National Output. A proposal for a minimum income for all varying with national productivity.* Londres: George Allen/Unwin, 1920.

MILNER, E. M. e MILNER, D. *Scheme for a State Bonus.* Kent: Simpkin, Marshall & Co., 1918.

REFERÊNCIAS BIBLIOGRÁFICAS

MIRRLEES, J. A. "An exploration in the Theory of Optimum Income Taxation". *Review of Economic Studies*, vol. 38, 1971, pp. 175-208.

MITSCHKE, J. *Steuer-und Transferordnung ans einem Guá. Entwurf einer Neugestaltung der direkten Steuern miel Sozialtransfers in der Bundesrepublik Deutschland*. Baden-Baden: Nomos, 1985.

——. "Höhere Niedriglôhne durch Sozialhilfe oder Bürgergeld?". *Frankfurter Allgemeine*, 28 de setembro de 1997.

——. *Erneuerling des deutschen Einkommensteuerrechts*. Colônia: Otto Schmidt Verlag, 2004.

MORE, T. [1516]. *Utopia*. Tradução francesa: *L'Utopie*. Paris: Garnier-Flammarion, 1993.

MORINI, C. "Alla ricerca della libertà: donne e reddito di cittadinanza". Em FUMAGALLI, A. e LAZZAROTTO, M. (orgs.). *Tutte bianche. Disoccupazione di massa e reddito di cittadinanza*. Roma: Derive Approdi, 1999, pp. 45-54.

MOYNIHAN, D. P. *The Politics of a Guaranteed Income. The nixon administration and the family assistance plan*. Nova York: Random House, 1973.

MUSGRAVE, R. A. "Maximin, Uncertainty, and the Leisure Trade-off". *Quarterly Journal of Economics*, vol. 88, 1974, pp. 625-32.

NOZICK, R. *Anarchy, State and Utopia*. Oxford: Blackwell, 1974. Tradução francesa: *Anarchie, État et utopie*. Paris: PUF, 1988.

OFFE, C. "A Non-productivist Design for Social Policies". Em VAN PARIJS, P. (org.). *Arguing for basic income*. Londres: Verso, 1992, pp. 61-78.

——. "Full Employment: Asking the wrong question?". Em ERIKSEN, E. O. e LOFTAGER, J. (orgs.). *The Rationality of the State*. Oslo: Scandinavian University Press, 1996, pp. 121-31.

OPIELKA, M. e OSTNER, I. (orgs.) *Umbau des Sozialstaats*. Essen: Klartext, 1987.

OPIELKA, M. e VOBRUBA, G. (dir.) *Das garantierte Grundeinkommen. Entwicklung und Perspektiven einer Forderung*. Frankfurt: Fischer, 1986.

PAINE, T. *Agrarian Justice*, 1976. Tradução francesa: *La justice agraire*. Em CAILLÉ, A. (org.) *Vers un revenu minimum inconditionnel?*. Paris: *Revue du Mauss* semestral, n° 7/La Découverte, 1996.

PARKER, H. *Instead of the Dole: An enquiry into the integration of the tax and benefit systems*. Londres: Routledge, 1989.

PELZER, H. "Bürgergeld — Vergleich zweier Modelle". *Zeitschrift fur Sozialreform*, vol. 42, 1996, pp. 595-613.

PHELPS, E. S. *Rewarding Work*. Cambridge: Harvard University Press, 1997.

PIKETTY, T. "La redistribution fiscale face au chômage". *Revue Française d'Économie*, vol. 12, 1997, pp. 157-201.

——. "Allocation compensatrice de revenu ou revenu universel". Em

GODINO, R. et al. *Pour une réforme du RMI. Notes de la Fondation Saint-Simon*, vol. 104, fevereiro de 1999, pp. 21-9.

PINILLA PALLEJÀ, R. *La renta básica de ciudadanía. Una propuesta clave para la renovación del Estado del bienestar*. Barcelona: Icaria, 2004.

PISANI-FERRY, J. *Plein emploi*. Paris: Conseil d'Analyse Économique/La Documentation Française, 2000.

POLANYI, K. *The Great Transformation*. Tradução francesa: *La grande transformation*. Paris: Gallimard, 1983.

POPPER-LYNKEUS, J. *Die allgemeine Nährpflicht ais Lösung der sozialen Frage*. Dresden: Carl Reissner Verlag, 1912.

PRATS, M. "L'allocation universelle à l'épreuve de la *Théorie de la justice*". *Documents pour l'enseignement économique et social*, vol. 106, dezembro de 1996, p. 71-110.

RAVENTOS, D. *El derecho a la existencia. La propuesta del subsidio universal garantizado*. Barcelona: Editorial Ariel Practicum, 1999.

RAWLS, J. "Distributive justice". Em RAWLS, J. *Collected Papers*. Cambridge: Harvard University Press, 1967, pp. 130-53.

———. *A Theory of Justice*. Oxford: Oxford University Press, 1972. Tradução francesa: *Théorie de la Justice*. Paris: Seuil, 1987.

———. "Reply to Alexander and Musgrave". *Quarterly Journal of Economics*, vol. 88, 1974, pp. 633-55.

———. "The Priority of Right and Ideas of the Good". *Philosophy and Public Affairs*, vol. 17, 1988, pp. 251-76.

REEVE, A. e WILLIAMS, A. (orgs.) *Real Libertarianism Assessed: Political theory after Van Parijs*. Basingstoke: Palenque Macmillan, 2003.

REYNOLDS, B. e HEALY, S. (orgs.) *An Adequate Income Guarantee for all*. Dublin: Cori Justice Commission, 1995.

RUYS-WILLIAMS, J. *Something to Look Forward to. A suggestion for a new social contract*. Londres: Macdonald, 1943.

ROBERTS, K. V. *Automation, Unemployment and the Distribution of Income*. Maastricht: European Center for Work and Society, 1982.

ROBERTSON, J. (org.). *Sharing our Common Heritage: Resource taxes and green dividends*. Oxford: Oxford Centre for the Environment, Ethics and Society, 1988.

———. *Future Wealth. A new economics for the 21st century*. Londres/Nova York: Cassell, 1989.

ROBEYNS, I. "An Income of One's own". *Gender and Development*, vol. 9, 2001(a), pp. 82-9.

——. "Will a Basic Income do Justice to Women?". *Analyse & Kritik*, vol. 23, 2001(b), pp. 88-105.
RUSSEL, B. [1918], *Roads to Freedom, Socialism, Anarchism and Syndicalism*. Londres: Unwin Books, 1966.
SALA-I-MARTIN, X. e SUBRAMANIAN, A. "Addressing the Natural Resource Curse: An illustration from Nigeria". *NBER Working Paper w9804*, 2003.
SALVERDA, W. "Basisinkomen en inkomensverdeling. De financiële uitvoerbaarheid van het basisinkomen". *Tijdschrift voor Politieke Ekonomie*, vol. 8, 1984, pp. 9-41.
SARACENO, C. "Una persona, un reddito". *Politica ed Economia*, vol. 1, 1989, p. 27-32.
SCHARPF, F. "Von der Finanzierung der Arbeitslosigkeit zut Subventionierung niedriger Erwerbseinkommen". *Gewerkschaftliche Monatshefte*, vol. 7, 1993, pp. 433-443.
SCHMID, T. (org.) *Befreiung von falscher Arbeit. Thesen zum Sarontierten Mindesteinkommen*. Berlim: Wagenbach, 1984.
SCHMITTER, P. e BAUER, M. "A (modest) Proposal for Expanding Social Citizenship in the European Union". *Journal of European Social Policy*, vol. 11, 2001, pp. 342-62.
SENNETT, R. *Respect in a World of Inequality*. Nova York/Londres: Norton, 2003.
SPENCE, T. "The Rights of Infants". Em CUNLIFFE, J. e ERREYGERS, G. (orgs.). *The Origins of Universal Grants*. Basingstoke: Palgrave Macmillan, 2004, pp. 81-91.
STANDING, G. (org.) *Promoting Income Security as a Right: Europe and north america*. Londres: Anthem Press, 2004.
——. "Meshing Labour Flexibility with Security: An answer to mass unemployment?". *International Labour Review*, vol. 125, 1986, pp. 87-106.
——. "The Need for a New Social Consensus". Em VAN PARIJS, P. (org.). *Arguing for Basic Income*. Londres: Verso, 1992, pp. 47-60.
——. *Global Labour Flexibility. Seeking distributive justice*. Londres/ Basingstoke: Macmillan, 1999.
STANDING, G. e SAMSON, M. (orgs.) *A Basic Income Grant for South Africa*. Cidade do Cabo: University of Cape Town Press, 2003.
STEINER, H. "Three Just Taxes". Em VAN PARIJS, P. (org.). *Arguing for basic income*. Londres: Verso, 1992, pp. 81-92.
——. *An Essay on Rights*. Oxford: Blackwell, 1994.
STOLERU, L. [1974], *Vaincre la pauvreté dans les pays riches*. Paris: Flammarion, 1974.
SUPLICY, E. M. *Renda de cidadania. A saída é pela porta*. São Paulo: Cortez Editora, 2002.

THEOBALD, R. (org.) *The Guaranteed Income: Next step in socioeconomic evolution?*. Nova York: Anchor Books, 1967.
——. *Free Men and Free Markets*. Nova York: Anchor Books, 1963.
TOBIN, J. "On the Economic Status of the Negro". *Daedalus*, vol. 94, 1965, p. 878-98.
TOBIN, J., PECHMAN, J. A. e MIESZKOWSKI, P. M. "Is a Negative Income Tax Practical?". *The Yale Law Journal*, vol. 77, 1967, pp. 1-27.
VALLENTYNE, P. e STEINER, H. (orgs.) *The Origins of Left-libertarianism*. Basingstoke: Palgrave Macmillan, 2000(a).
——. (orgs.) *Left-libertarianism and its Critics*. Basingstoke: Palgrave Macmillan, 2000(b).
VANDENBROUCKE, F. "À propos de l'instauration pragmatique d'une allocation universelle". *La Revue Nouvelle*, vol. 105, 1997, pp. 161-6.
——. *Social Justice and Individual Ethics in an Open Society*. Berlim/Nova York: Springer, 2001.
VANDERBORGHT, Y. "La France sur la voie d'un 'revenu minimum inconditionnel'?". *Mouvements*, vols. 15-6, 2001, pp. 157-65.
——. "Belgique: Vivant ou l'allocation universelle pour seul programme électoral". *Multitudes*, vol. 8, março-abril de 2002, pp. 135-45.
——. *La faisabilité politique d'un revenu inconditionnel*. Louvain: Université Catholique de Louvain, 2004(a), tese de doutorado em ciência política.
——. "Universal Basic Income in Belgium and the Netherlands: Implementation through the back door?". *EUI Working Paper SPS nº 2004/4*. Florença: European University Institute, 2004(b).
VANDERBORGHT, Y. e VAN PARIJS, P. "Assurance participation et revenu de participation. Deux manières d'infléchir l'état social actif". *Reflets et perspectives de la vie économique*, vol. 40, 2001, pp. 183-96.
VAN PARIJS, P. "Marx, l'écologisme et la transition directe du capitalisme au communisme". Em CHAVANCE, B. *Marx en perspective*. Paris: EHESS, 1985, pp. 135-55.
——. "The Second Marriage of Justice and Efficiency". *Journal of Social Policy*, vol. 19, 1990, pp. 1-25.
——. "Why Surfers should be Fed. The liberal case for an unconditional basic income". *Philosophy and Public Affairs*, vol. 20, 1991, pp. 101-31.
——. (org.) *Arguing for Basic Income*. Londres: Verso, 1992.
——. *Real Freedom for All. What (if anything) can justify capitalism?*. Oxford: Oxford University Press, 1995.
——. *Refonder la solidarité*. Paris: Cerf, 1996.

——. "Différence principles". Em FREEMAN, S. *The Companion to John Rawls*. Cambridge: Cambridge University Press, 2002, p. 200-240.
VAN DER VEEN, R. e GROOT, L. (orgs.) *Basic Income on the Agenda*. Amsterdam: Amsterdam University Press, 2000.
VAN DER VEEN, R. e VAN PARIJS, P. "A capitalist Road to Communisrn". *Theory and Society*, vol. 15, 1986(a), pp. 635-55.
——. "Universal Grants versus Socialism. Reply to six critics". *Theory and Society*, vol. 15, 1986(b), pp. 723-57.
VAN PARIJS, P., JACQUET, L. e SALINAS, C. "Basic Income and its Cognates". Em VEEN, R. (Van der) e GROOT, L. (orgs.). *Basic income on the agenda*. Amsterdam: Amsterdam University Press, 2000, pp. 53-84.
VAN PARIJS, P. e VANDERBORGHT, Y. "From eurostipendium to eurodividend". *Journal of European Social Policy*, vol. 11, 2001, pp. 342-6.
VAN PARIJS, P. et al. *What's Wrong with a Free Lunch?*. Boston: Beacon Press, 2001.
VAN TRIER, W. *Everyone a King. An investigation into the meaning and significance of the debate on basic incomes with special reference to three episodes from the british inter-war experience*. Katholieke Universiteit Leuven, 1995, tese de doutorado em sociologia.
VIVES, J. L. *De subventione pauperum*, 1526. Tradução francesa: *De l'assistance aux pauvres*. Bruxelas: Valero & Fils, 1943.
WERNERUS, S. *Les syndicats contre l'allocation universelle? Mise en perspective des points de vue belges et québécois*. Université Catholique de Louvain, 2004, dissertação de mestrado.
WHITE, S. *The Civic Minimum*. Oxford: Clarendon Press, 2003(a).
——. "Fair Reciprocity and Basic Income". Em REEVE, A. e WILLIAMS, A. (orgs.). *Real libertarianisrn assessed: Political theory after Van Parijs*. Houndmills: Palgrave Macmillan, 2003(b), pp. 136-160.
WIDERQUIST, K. "A Failure to Communicate: The labour market findings of the negative income tax experiments and their effects on policy and public opinion". Em STANDING, G. (org.). *Promoting income security as a right: Europe and North America*. Londres: Anthem Press, 2004, pp. 497-537.
WOOD, A. *North-South Trade, Employment and Inequality*. Oxford: Oxford University Press, 1994.
WRIGHT, E. O. (org.). *Redesignin Distribution: Basic income and stakeholder grants as cornerstones of a more egalitarian capitalism*, número especial de *Theory & Society*, vol. 32, 2004.
WRR (Wetenschappelijke Raad voor het Regeringsbeleid). *Safeguarding Social Security*. Haia: Staatsuitgeverij, 1985.

*O texto deste livro foi composto em Sabon,
desenho tipográfico de Jan Tschichold de 1964
baseado nos estudos de Claude Garamond e
Jacques Sabon no século XVI, em corpo 11/15.
Para títulos e destaques, foi utilizada a tipografia
Frutiger, desenhada por Adrian Frutiger em 1975.*

*A impressão se deu sobre papel off-white 80g/m²
pelo Sistema Cameron da Divisão Gráfica
da Distribuidora Record.*